资治通鉴

资治通鉴

资治通鉴

线装国学馆

精华版

第二卷

线装国学馆

魏纪

诸葛亮北伐

（太和元年）三月，蜀丞相亮率诸军北驻汉中，使长史张裔、参军蒋琬统留府事。

（太和二年正月）诸葛亮将入寇，与群下谋之。丞相司马魏延曰：『闻夏侯楙，主婿也，怯而无谋。今假延精兵五千，负粮五千，直从褒中出，循秦岭而东，当子午[1]而北，不过十日，可到长安。楙闻延奄至，必弃城逃走。长安中惟御史、京兆太守耳。横门邸阁与散民之谷，足周食也。比东方相合聚，尚二十许日，而公从斜谷来，亦足以达。如此，则一举而咸阳以西可定矣。』亮以为此危计，不如安从坦道，可以平取陇右。十全必克而无虞，故不用延计。

亮扬声由斜谷道取郿，使镇东将军赵云、扬武将军邓芝为疑兵，据箕谷。帝遣曹真都督关右诸军军郿。亮身率大军攻祁山，戎陈整齐，号令明肃。

注释 ①子午：子午道。

译文 魏明帝太和元年（二二七年）三月，蜀相诸葛亮率军北伐，留长史张裔、参军蒋琬处理朝中事务。

太和二年（二二八年）正月，诸葛亮攻打魏国，与部下商议。丞相司马魏延说：『听说夏侯楙乃曹操女婿，此人庸弱无谋。现子我五千精锐，带五千人口粮，从褒中出发，顺秦岭向东，至子午道折向北方，不出十天，定可直抵长安。夏侯楙听说我到来，必定弃城而走。长安城中就只剩御史与京兆太守。横门粮仓存粮与百姓剩下的粮食，足够我等食用。等魏国集结东方军队，还要二十余日，您若从斜谷接应，时间也够了。如此，便一举平定咸阳地区。』诸葛亮以为此危险之计也，不如安全走平坦之路，稳取陇右，所以不用魏延之计。

诸葛亮扬言从斜谷道攻取郿城，命镇东将军赵云、扬武将军邓芝为疑兵，据守箕谷。明帝派曹真都督关右地区各军驻扎在郿城。诸葛亮亲自率军大攻祁山，军阵整齐，号令严明。

点评 由今观之，皆以亮不用延计为怯。凡兵之动，估敌之主，知敌之将。邈之不用延计者，估魏主之明略，而司马懿辈不可轻也。亮欲平取陇右，且不获如志，况欲乘侥幸，尽定咸阳以西邪！（胡三省）

魏以汉昭烈既死，数岁寂然无闻，是以略无备豫；而卒闻亮出，朝野恐惧，于是天水、南安、安定皆叛应亮，关中响震，朝臣未知计所出，帝曰：『亮阻山为固，今者自来，正合兵书致人之术，破亮必也。』乃勒兵马步骑五万，遣右将军张郃督之，西拒亮。（正月）丁未，帝行如长安。

初，越嶲太守马谡，才器过人，好论军计，诸葛亮深加器异；汉昭烈临终，谓亮曰：『马谡言过其实，不可大用，君其察之！』亮犹谓不然，以谡为参军，每引见谈论，自昼达夜。及出军祁山，亮不用旧将魏延、吴懿等为先锋，而以谡督诸军在前，与张郃战于街亭。谡违亮节度，举措烦扰，舍水上山，不下据城。张郃绝其汲道，击，大破之，士卒离散。亮进无所据，乃拔西县千余家还汉中。收谡下狱，杀之。亮自临祭，为之流涕，抚其遗孤，恩若平生。蒋琬谓亮曰：『昔楚杀得臣，文公喜可知也。天下未定而戮智计之士，岂不惜乎！』亮流涕曰：『孙武所以能制胜于天下者，用法明也；是以扬干乱法，魏绛戮其仆。四海分裂，兵交方始，若复废法，何用讨贼邪！』

谡之未败也，裨将军巴西王平连规谏谡，谡不能用；及败，众尽星散，惟平所领千人鸣鼓自守，张郃疑其有伏兵，不往逼也，于是平徐徐收合诸营遗迸，率将士而还。亮既诛马谡及将军李盛，夺将军黄袭等兵，平特见崇显，加拜参军，统五部兼当营事，进位讨寇将军，封亭侯①。亮上疏请自贬三等，汉主以亮为右将军，行丞相事。是时赵云、邓芝兵亦败于箕谷，云敛众固守，故不大伤，云亦坐贬为镇军将军。

或劝亮更发兵者，亮曰：『大军在祁山、箕谷，皆多于贼，而不破贼，乃为贼所破，此病不在兵少也，在一人耳。今欲减兵省将，明罚思过，校变通之道于将来；若不能然者，虽兵多何益！自今已后，诸有忠虑于国者，但勤攻吾之阙，则事可定，贼可死，功可跻足而待矣。』于是考微劳，甄②壮烈，引咎责躬，布所失于境内，厉兵讲武，以为后图，戎士简练，民忘其败矣。

注释 ①亭侯：后汉制，列侯有县侯、乡侯、亭侯。

②甄：甄别。

译文 魏认为蜀汉昭烈帝刘备既已去世，几年来寂静无事，从而放松警惕；现在诸葛亮突然出兵，朝野惊惧。于是，天水、南安、安定等郡叛魏响应诸葛亮，关内震动，朝中大臣也无良策，明帝说：『诸葛亮依傍险关，现竟亲自前来，正好合乎兵书之诱敌前来。我们一定能胜诸葛亮。』于是统大军五万，命右将军张郃监管军务，西迎诸葛亮。正月丁未，明帝抵达长安。

起初，越嶲太守马谡，才能和抱负异于常人，喜好军事谋略，诸葛亮对其深为器重；昭烈帝刘备临终之际对诸葛亮说：『马谡言语浮夸，徒有虚名，不可委以重任。你必须多加考验。』诸葛亮不以为然，令马谡为参军，时常与其谈论，自白天至黑夜。到出兵祁山，诸葛亮不用旧将魏延、吴懿为先锋，遣马谡领军与张郃交战街亭。

马谡违反诸葛亮调度，军纪混乱，放弃水源上山驻扎，不在山下据守城邑。张郃断马谡取水之路，发起进攻，大败马谡，蜀军溃败。诸葛亮前进没有据点，只好挟西县一千多人回到汉中。诸葛亮下令处斩马谡，亲自为其吊丧，痛哭流涕，安抚其子女，如往常一样善待他们。蒋琬对诸葛亮说：『古时晋楚交战，楚国自杀其得力臣子，晋文公喜形于色。现在天下尚未平定，而杀智谋之士，难道不觉可惜吗？』诸葛亮流泪说：『孙武能制胜天下，在于法纪严明。所以，晋悼公之弟扬干犯法，魏绛就杀为其驾车之人。现在天下分裂，战端刚开，如果废弃军法，日后如何讨伐敌人。』

马谡失败前，裨将军巴西人王平一再劝谏，马谡不听；等到失败，只有王平一人擂鼓，领一千军把守营地，张郃疑有伏兵，不敢靠近，王平于是收拢残兵，返回蜀地。诸葛亮杀马谡和李盛，收回将军黄袭兵权，王平之名便提升起来，诸葛亮提拔他为参军，统领五部兵马与营屯之事，官位至讨寇将军，封亭侯。诸葛亮上书自请降官三级，汉后主任诸葛亮为右将军，兼丞相之职。这时赵云、邓芝也在箕谷兵败，赵云集中部将坚守，损失不大，但也因此被贬为镇军将军。

有人劝说诸葛亮再度发兵，诸葛亮说：『大军在祁山、箕谷比敌军众多却没有打败敌人，问题不在兵少，而在将领。现在我打算精简兵将，明确责罚，反思过错，将来另想变通之法，如不可，兵多又有何用？从今以后，凡是一心为国效忠之人，便可批评我过错，如此大事可定，敌人便可打垮，功勋指日可待。』于是诸葛亮考察有功将士，最小的功勋也不遗漏，对烈士进行甄别，咎引自责，将过错公开宣布，练兵讲武，以图将来。将士精简干练，老百姓都忘了这次失败。

（十一月）汉诸葛亮闻曹休败，魏兵东下，关中虚弱，欲出兵击魏，群臣多以为疑。

十二月，亮引兵出散关，围陈仓，陈仓已有备，亮不能克。亮使郝昭乡人靳详于城外遥说昭，昭于楼上应之曰：『魏家科法，卿所练也；我之为人，卿所知也。我受国恩多而门户重，卿无可言者，但有必死耳。卿还谢诸葛，便可攻也。』详以昭语告亮，亮又使详重说昭，言『人兵不敌，空自破灭』。昭谓详曰：『前言已定矣，我识卿耳，箭不识也。』详乃去。亮自以有众数万，而昭兵才千余人，又度东救①未能便到，乃进兵攻昭，起云梯冲车以临城，昭于是以火箭逆射其梯，梯然，梯上人皆烧死；昭又以绳连石磨压其冲车，冲车折。亮乃更为井阑百尺以射城中，以土丸填堑，欲直攀城，昭又于内筑重墙。亮又为地突②，欲踊出于城里，昭又于城内穿地横截之。昼夜相攻拒二十余日。

曹真遣将军费耀等救之。帝召张郃于方城，使击亮。帝自幸河南城，置酒送郃，问郃曰：『迟将军到，亮得无已得陈仓乎？』郃知亮深入无谷，屈指计曰：『比臣到，亮已走矣。』郃晨夜进道，未至，亮粮尽，引去；将军王双追之，亮击斩双。诏赐昭爵关内侯。

注释 ①东救：魏兵救陈仓从东来，因此称东救。②地突：指地道。

译文 十一月，诸葛亮听说曹休战败，魏军东下，关内空虚，便想起兵伐魏，群臣中多有怀疑。

十二月，诸葛亮大军出散关，围攻陈仓，陈仓已有准备，诸葛亮未能攻克，便让守将郝昭同乡靳详在城下劝说郝昭，郝昭对靳详道：『魏国法律，您熟悉；我的为人，您也熟悉。我蒙受国恩，门第崇高，您也清楚，现如今不过一死而已。您回去禀告诸葛亮，令其尽管来攻。』于是靳详告知诸葛亮，诸葛亮又让靳详劝降郝昭，对他说：『兵力悬殊，您抵挡不住，何必白白牺牲，自取灭亡』。郝昭说：『该说的我已经说过，我认识您，箭可不认识。』靳详返回。诸葛亮自以为蜀军几万兵马，郝昭只有一千兵众，又推测东来救兵不能赶到，便架起云梯，下令攻城。郝昭以火箭反击，云梯起火，汉军被烧死。郝昭又用绳子系上石磨，撞击汉军冲车，冲车被毁。诸葛亮制作百尺高井栏，向城中射箭，用土块填塞护城河，直接攀援城墙。郝昭便在城内又竖一座。诸葛亮又修地道，郝昭则在城内横挖地道进行阻拦。这样一来，攻守相持了二十余天。

曹真派将军费耀援助郝昭。明帝召方城张郃，进攻诸葛亮。明帝亲自来到河南，摆酒为张郃送行，问张郃：『等将军赶到，诸葛亮是不是已经攻下陈仓？』张郃了解诸葛亮用兵不备足粮食，屈指一算道：『等我到时，诸葛亮已经撤走。』于是张郃日夜兼程赶往陈仓，果然还没到，诸葛亮已经撤走。将军王双追击，被诸葛亮击杀。明帝赐郝昭关内侯之爵。

点评 攻者不足，守者有余。尚论其才，则全城却敌者，其才非优于攻者也，客主之势异耳。故曰用兵之术，攻城最下。（胡三省）

（青龙）二年，春，二月，亮悉大众十万由斜谷入寇，遣使约吴同时大举。

诸葛亮至郿，军于渭水之南。司马懿引军渡渭，背水为垒拒之，谓诸将曰：『亮若出武功，依山而东，诚为可忧；若西上五丈原，诸将无事矣。』亮果屯五丈原。

雍州刺史郭淮言于懿曰：『亮必争北原，宜先据之。』议者多谓不然，淮曰：『若亮跨渭登原，连兵北山，隔绝陇道，摇荡民夷，此非国之利也。』懿乃使淮屯北原。堑垒未成，汉兵大至，淮逆击却之。亮以前者数出，皆以运粮不继，使己志不伸，乃分兵屯田为久驻之基，耕者杂于渭滨居民之间，而百姓安

堵，军无私焉。

司马懿与诸葛亮相守百余日，亮数挑战，懿不出。亮乃遗懿巾帼妇人之服；懿怒，上表请战，帝使卫尉辛毗杖节为军师以制之。护军姜维谓亮曰：『辛佐治杖节而到，贼不复出矣。』亮曰：『彼本无战情，所以固请战者，以示武于其众耳。将在军，君命有所不受，苟能制吾，岂千里而请战邪！』

亮遣使者至懿军，懿问其寝食及事之烦简，不问戎事。使者对曰：『诸葛公夙兴夜寐，罚二十以上，皆亲览焉；所啖食不至数升。』懿告人曰：『诸葛孔明食少事烦，其能久乎！』

译文 魏明帝青龙二年（二三四年），春季，二月，诸葛亮倾十万大军出斜谷伐魏，并遣使节前往吴国约定一起出兵。

诸葛亮到达郿县，屯军渭水之南。司马懿率军渡过渭水，背水立营抵御诸葛亮，他对将领们说：『诸葛亮若出武功之兵，顺山而东，确实可怕，如西出五丈原之兵，则诸将可安心。』诸葛亮果然出兵五丈原。

雍州刺史郭淮对司马懿说：『诸葛亮必争北原，我们应先据之。』参加讨论将领多半不以为然，郭淮说：『若诸葛亮跨过渭水登上北原，与北山连兵，切断长安通往陇西之路，使羌人百姓动荡不安，这对国家有所不利。』司马懿便让郭淮驻防北原。营垒尚未筑成，蜀军大军已至，郭淮迎战，击退蜀军。诸葛亮因前几次出兵，都因粮草滞后，未能得志。这次便分出部队屯田，做长期打算。屯田士兵与渭水之滨居民混然杂处，百姓安居乐业，蜀军并无私弊。

司马懿同诸葛亮相持百日，诸葛亮屡次挑战，司马懿拒不应战。诸葛亮便将妇女衣物送予司马懿，司马懿大怒，上表请战，明帝派卫尉辛毗持节前来节制司马懿。姜维对诸葛亮说：『辛毗持节前来，魏军不会再有行动。』诸葛亮说：『司马懿本无心应战，请求出战不过聊表威信尔。况将在外，君命有所不受。若是能击败我军，还犯得着千里请命？』

诸葛亮派使节至司马懿军中，司马懿向使者询问诸葛亮起居饮食，不谈军事。使者答曰：『丞相晚睡早起，凡二十军棍以上责罚都亲自审批，所食饭菜不到几升。』司马懿便对别人说：『孔明命不久矣。』

（八月）亮病笃，汉使尚书仆射李福省侍，因谘以国家大计。福至，与亮语已①，别去，数日复还。亮曰：『孤知君还意，近日言语虽弥日，有所不尽，更

来求决耳。公所问者，公琰其宜也。』福谢：『前实失不咨请，如公百年后，谁可任大事者，故辄还耳。乞复请蒋琬之后，谁可任者？』亮曰：『文伟②可以继之。』又问其次，亮不答。

是月，亮卒于军中。长史杨仪整军而出。百姓奔告司马懿，懿追之。姜维令仪反旗鸣鼓，若将向懿者，懿敛军退，不敢逼。于是仪结陈而去，入谷然后发丧。百姓为之谚曰：『死诸葛走生仲达③。』懿闻之，笑曰：『吾能料生，不能料死故也。』懿按行亮之营垒处所，叹曰：『天下奇才也！』追至赤岸，不及而还。

诸军还成都，大赦，谥诸葛亮曰忠武侯。

注释 ①已：竟。②文伟：费祎，字文伟。③仲达：指司马懿。

译文 八月，诸葛亮病危，汉后主遣尚书仆射李福前来问候，同时询问国家大事。李福与诸葛亮谈话后辞别，几天后又归来。诸葛亮说：『我知你返回之意，那天虽谈了一天，但有些事还没交代，又来求我做决定了。你所要问的事，蒋琬适合。』李福道歉说：『上次确实不曾详询，如您百年之后，谁可担当重任，所以就又返回。再请问蒋琬之后，谁可担当重任？』诸葛亮说：『费祎可以继任。』又问费祎之后是谁，诸葛亮没有回答。

就在这个月，诸葛亮去世，长史杨仪整顿军队，从五丈原撤出。百姓跑去报告司马懿，司马懿追击汉军。姜维命杨仪调转战旗，擂起战鼓，像要进攻司马懿，司马懿退军，不敢逼进。杨仪于是结阵离去，入斜谷发丧。百姓编一句谚语曰：『死诸葛亮吓走活仲达。』司马懿听到后笑道：『这便是因为我能料其生，不知其死也。』司马懿到诸葛亮营垒处察看，感叹道：『真天下

奇才也！』追到赤岸，没能追上蜀军，于是撤回。各路汉军返回成都，汉王刘禅下令大赦，赐诸葛亮谥号忠武侯。

点评 亮不答继祎之人，非高帝『此后亦非乃所知』之意，盖亦见蜀之人士无足以继祎者矣。呜呼！（胡三省）

蜀汉降魏

（景元三年）昭欲大举伐汉，朝臣多以为不可，独司隶校尉钟会劝之。乃以钟会为镇西将军，都督关中。征西将军邓艾以为蜀未有衅，屡陈异议；昭使主簿师纂为艾司马以谕之，艾乃奉命。

（景元四年正月）诏诸军大举伐汉，遣征西将军邓艾督三万余人自狄道趣甘松、沓中，以连缀姜维；雍州刺史诸葛绪督三万余人自祁山趣武街桥头，绝维归路。钟会统十余万众分从斜谷、骆谷、子午谷趣汉中。以廷尉卫瓘持节监艾、会军事，行镇西军司。

秋，八月，军发洛阳，大赉将士，陈师誓众。将军邓敦谓蜀未可讨，司马昭斩以徇。邓艾进至阴平，简选精锐，欲与诸葛绪自江油趣成都。绪以本受节度邀姜维，西行非本诏，遂引军向白水，与钟会合。会欲专军势，密白绪畏懦不进，槛车征还，军悉属会。

姜维列营守险，会攻之不能克，粮道险远，军食乏，欲引还。邓艾上言：『贼已摧折，宜遂乘之，若从阴平由邪径经汉德阳亭趣涪，出剑阁西百里，去成都三百余里，奇兵冲其腹心，出其不意，剑阁之守必还赴涪，则会方轨而进，剑阁之军不还，则应涪之兵寡矣。』遂自阴平行无人之地七百余里，凿山通道，造作桥阁。山谷高深，至为艰险，又粮运将匮，濒于危殆，艾以毡自裹，推转而下。将士皆攀木缘崖，鱼贯而进。先登至江油，蜀守将马邈降。

诸葛瞻督诸军拒艾，至涪，停住不进。尚书郎黄崇，权①之子也，屡劝瞻宜速行据险，无令敌得入平地，瞻犹豫未纳；崇再三言之，至于流涕，瞻不能从。艾遂长驱而前，击破瞻前锋，瞻退住绵竹。艾以书诱瞻曰：『若降者，必表为琅邪王。』瞻怒，斩艾使，列陈以待艾。艾遣子惠唐亭侯忠出其右，司马师纂等出其左。忠、纂战不利，并引还，曰：『贼未可击！』艾怒曰：『存亡之分，在此一举，何不可之有！』叱忠、纂等，将斩之。忠、纂驰还更战，大破。斩瞻及黄崇。瞻子尚叹曰：『父子荷国重恩，不早斩黄皓，使败国殄民，用生何为！』策马冒陈而死。

注释 ①权：黄权，刘璋前部，先主伐吴失败，黄权隔在江北，遂降魏。

译文 魏元帝景元三年（二六二年），司马昭欲兴兵伐蜀，朝中大臣认为不可，只有司隶校尉钟会赞同。乃任

钟会为镇西将军，督守关中。征西将军邓艾认为时机未到，屡次上陈己见；司马昭令其司马向他讲明道理，于是邓艾听命。

景元四年（二六三年）正月，魏诏令诸军进攻蜀汉，征西将军邓艾引三万兵出狄道，入甘松、沓中，以制姜维，命雍州刺史诸葛绪率三万兵马出祁山进军武街桥头，断姜维后路。钟会统兵十万出斜谷、骆谷、子午谷进军汉中。廷尉卫瓘持符任邓艾、钟会二军监军，兼镇西军司。

秋季，八月，魏军从洛阳进发，犒赏三军，列队誓师。将军邓敦称不可伐蜀，司马昭杀其示众。邓艾进军到达阴平，挑选良兵，欲与诸葛绪经江油直袭成都。诸葛绪原本接令拦截姜维，西行并非其命，便带军向白水，与钟会会合。钟会专擅军权，便密报诸葛绪畏兵不进，用囚车将诸葛绪押回京城，军权便全归钟会掌握了。

姜维列阵据险要之地，钟会不敢进攻，又恐粮道遥远，便欲罢兵。邓艾上书说：『敌兵既已被挫，应乘胜追击，从阴平小路途经蜀汉德阳亭奔赴涪县，于剑阁以西一百里处进军，距成都三百里，此乃直击心腹之地，若如此，剑阁守军必然班师回救，钟会便可并行推进。若剑阁守军不回，则涪县兵力极易攻克。』邓艾于是从阴平出发走入七百里无人之地，凿山开路，架桥建道，山高谷深，异常凶险，粮草将尽，身陷绝境。邓艾用毯子裹住身体，翻滚下山，将士们攀援树枝前行。邓艾首先抵达江油，蜀国守将马邈投降。

诸葛瞻统率诸军抵御邓艾，到达涪县停住不进。尚书郎黄崇乃黄权之子，屡次劝说诸葛瞻急速前行占领险要。诸葛瞻犹豫不决，没有采纳；黄崇再三以泪劝谏，诸葛瞻仍不听。于是邓艾长驱直入，击败诸葛瞻前锋，诸葛瞻退驻绵竹。邓艾写信劝降诸葛瞻：『若降，必表奏为琅邪王。』诸葛瞻大怒，杀其使者，列阵以待邓艾。邓艾遣其子邓忠为右翼，与司马师纂攻其左翼，战况不利遂撤回，道：『敌兵不能破矣！』邓艾大怒：『生死存亡在此一举，还有什么不能的！』怒叱邓忠、师纂，扬言再不破敌，军法处置。邓忠、师纂返身再战，大破敌兵，杀诸葛瞻、黄崇。瞻之子诸葛尚叹曰：『我们父子蒙受国恩，只恨没有早点杀死黄皓，致使国破家亡，我活着还有什么用！』于是骑马陷入敌阵而死。

汉人不意魏兵卒至，不为城守调度；闻艾已入平土，百姓扰扰，皆进山泽，不可禁制。

资治通鉴

汉主使群臣会议，或以蜀之与吴，本为与国，宜可奔吴；或以为南中七郡，阻险斗绝，易以自守，宜可奔南。光禄大夫谯周以为：『自古以来，无寄他国为天子者，若入吴国，亦当臣服。且治政不殊，则大能吞小，此数之自然也。由此言之，则魏能并吴，吴不能并魏明矣。等为称臣，为小孰与为大，再辱之耻何与一辱①！且若欲奔南，则当早为之计，然后可果②；今大敌已近，祸败将及，群小之心，无一可保，恐发足之日，其变不测，何至南之有乎！』或曰：『今艾已不远，恐不受降，如之何？』周曰：『方今东吴未宾，事势不得不受，受之不得不礼。若陛下降魏，魏不裂土以封陛下者，周请身诣京都，以古义争之。』众人皆从周议。汉主犹欲入南，狐疑未决。周上疏曰：『南方远夷之地，平常无所供为，犹数反叛，自丞相亮以兵威逼之，穷乃率从。今若至南，外当拒敌，内供服御，费用张广，他无所取，耗损诸夷，其叛必矣！』汉主乃遣侍中张绍等奉玺绶以降于艾。北地王谌怒曰：『若理穷力屈，祸败将及，便当父子君臣背城一战，同死社稷，以见先帝可也，奈何降乎！』汉主不听。是日，谌哭于昭烈之庙，先杀妻子而后自杀。

张绍等见邓艾于雒，艾大喜，报书褒纳。汉主遣太仆蒋显别敕姜维使降钟会，又遣尚书郎李虎送士民簿于艾，户二十八万，口九十四万，甲士十万二千，吏四万人。艾至成都城北，汉主率太子诸王及群臣六十余人，面缚舆榇诣军门。艾持节解缚焚榇，延请相见；检御将士，无得虏略，绥纳降附，使复旧业；辄依邓禹故事，承制拜汉王禅行骠骑将军，太子奉车、诸王驸马都尉，汉群司各随高下拜为王官，或领艾官属；以师纂领益州刺史，陇西太守牵弘等领蜀中诸郡。

注释 ①再辱之耻何与一辱：谓今降魏，一辱。若再投东，又一辱；与吴俱亡，臣服曹魏，三辱。②果：决，克。

译文 蜀兵未料魏兵天降，未做好准备。闻邓艾已入平原，百姓惊恐，逃亡山林大泽，朝廷不能挡。

汉后主召群臣商议，有人说吴蜀本为盟国，应投吴国。有人说南中七郡，山势险要，可以防守，应向南退居。光禄大夫谯周却说：『从古至今，没有人能寄居他国仍为天子的。假若到了吴国，也不过是臣服，况且治国之道自古无不同，大国灭小国，这是自然规律。如此，魏国能灭吴而吴不能灭魏，同是称臣，对小国称臣

不对大国称臣，不是相当于一次耻辱接受两次？若奔赴南方，当早有准备，如今大敌临近，败势已现，将领图自保，没有一个能保持不变的，恐怕我们动兵之时，将有不测，若如此，我们何以抵达南中？』有人说：『今邓艾已不远，恐其不受降，如何？』谯周说：『现在还有吴国未灭，形势上使魏国不能不纳降，纳降后也必将以礼相待。若陛下降魏，魏不予陛下封地，我将亲自上书洛阳，以大义与其辩。』大家于是听从谯周建议。汉后主仍想南退。谯周上书曰：『南部偏远蛮夷，平日便不交税赋，还屡次反叛，自前丞相以武力相逼，被迫顺从。如今南去，外需抵抗强敌，内要承担朝廷开支，无处收取高额赋税，若靠夷人部族负担，其必反。』于是汉后主派侍中张绍等带玉玺向邓艾请降。北地王刘谌怒道：『即便我军穷途末路，也应当君臣同心背水一战，共为社稷而死，如此才有颜面面见先帝，怎能投降？』汉后主不听。这一天，刘谌哭诉于昭烈帝刘备之庙，先杀妻女，后自杀。

张绍等在雒县见邓艾，邓艾大喜，写信赞扬纳降。汉后主又派蒋显命姜维向钟会投降，派尚书郎李虎将士民户籍交予邓艾，共计二十八万户，九十四万人，兵士十万二千，官吏四万。邓艾到达成都城北，汉后主率太子、诸王及群臣六十余人，缚手于后，拖棺木至营前。邓艾为其松绑，烧毁棺木，请进军营相见。约束将士，不得劫掠汉民，安抚纳降之人，使其重操旧业；依东汉邓禹旧事，承皇帝旨意授汉后主刘禅骠骑将军，太子奉车都尉，诸王为驸马都尉之职，蜀汉群臣按级别高低改授魏国官职，部分担任邓艾属下，令师纂领益州刺史，陇西太守牵弘等任蜀中各郡官职。

晋灭东吴

（咸宁五年）冬，十一月，大举伐吴，遣镇军将军琅邪王伷出涂中，安东将军王浑出江西，建威将军王戎出武昌，平南将军胡奋出夏口，镇南大将军杜预出江陵，龙骧将军王濬、巴东监军鲁国唐彬下巴、蜀，东西凡二十余万。

（太康元年正月）杜预向江陵，王浑出横江，攻吴镇、戍，所向皆克。二月，戊午，王濬、唐彬击破丹阳①监盛纪。吴人于江碛要害之处，并以铁锁横截之；又作铁锥，长丈余，暗置江中，以逆拒舟舰。濬作大筏数十，方百余步，缚草为人，被甲持仗，令善水者以筏先行，遇铁锥，锥辄著筏而去。又作大炬，长十余丈，大数十围，灌以麻油，在船前，遇锁，然炬烧之，须臾，融液断绝，于是船无所碍。庚申，濬克西陵，杀吴都督留宪等。壬戌，克荆门、夷道二城，杀夷道监陆晏。杜预遣牙门周旨等帅奇兵八百泛舟夜渡江，袭乐乡，多张旗帜，起火巴山。吴都督孙歆惧，与江陵督伍延书曰：『北来诸军，乃飞渡江也。』旨等伏兵乐乡城外，歆遣军出拒王濬，大败而还。旨等发伏兵随歆军而入，歆不觉，直至帐下，虏歆而还。

乙丑，王濬击杀吴水军都督陆景。杜预进攻江陵，甲戌，克之，斩伍延。于是沅、湘以南，接于交、广，州郡皆望风送印绶。预杖节称诏而绥抚之。凡所斩获吴都督、监军十四，牙门、郡守百二十余人。胡奋克江安。遂指授群帅方略，径造建业。

注释 ①丹阳：丹阳城于第归县东八里，昔周武王封熊绎于荆丹阳之地。

译文 晋武帝咸宁五年（二七九年）冬季，十一月，晋大举进兵伐吴，派镇军将军、琅邪王司马伷出涂中，安东将军王浑出江西，建威将军王戎出武昌，平南将军胡奋出夏口，镇南大将军杜预出江陵，龙骧将军王濬和巴东监军鲁国人唐彬从巴、蜀进军，东西合计二十余万。

晋武帝太康元年（二八〇年）正月，杜预进军江陵，王浑从横江出兵，攻打吴国兵镇边防营垒，无不克。二月，戊午（初一），王濬、唐彬击败丹阳监盛纪。吴人将浅滩封以铁索，打造铁锥置于江中，以阻战船。王濬制大木筏，长、宽均一百余步。王濬令将士扎草人，披铠甲，持兵器立于木筏，水性优秀之人为先锋，遇铁锥便扎至木筏，顺江而下。王濬又打造火把，长十余丈，粗有几十围，淋麻油置于船前，遇铁索则点

燃火把。不一会儿，铁索被火烧熔而升，战船涌入，无法阻挡。庚申（初三），王濬攻克西陵，杀吴都督留宪。壬戌（初五），又克荆门、夷道二城，杀夷道监陆晏。杜预遣牙门周旨等率八百奇兵，乘夜泛舟江上，直袭乐乡。周旨树起旗帜，于巴山起火。吴都督孙歆惧怕，写信与江陵督伍延道：『北军仿佛飞渡！』周旨将军队伏于乐乡城外。孙歆出兵攻打王濬，大败而回。周旨令伏兵尾随孙歆进城，孙歆无察觉，周旨兵士跟至孙歆帐下，活捉孙歆。

乙丑（初八），王濬击败吴水师都督陆景，杀之。杜预攻江陵，甲戌（十七日），攻克江陵，斩伍延。此时，沅、湘以南地区直至交、广等州郡，都闻而降。杜预手持符节依皇帝诏命安抚州郡百姓。至此，晋军俘获斩杀吴都督、监军十四人，牙门、郡守一百二十余人。胡奋又攻克江安。于是，众将依据方略部署，把部队开至建业。

吴主闻王浑南下，使丞相张悌督丹阳太守沈莹、护军孙震、副军师诸葛靓帅众三万渡江逆战。

至牛渚，沈莹曰：『晋治水军于蜀久矣，上流诸军，素无戒备，名将皆死，幼少当任，恐不能御也。晋之水军必至于此，宜畜众力以待其来，与之一战，若幸而胜之，江西①自清。今渡江与晋大军战，不幸而败，则大事去矣！』悌曰：『吴之将亡，贤愚所知，非今日也。吾恐蜀兵至此，众心骇惧，不可复整。及今渡江，犹可决战。若其败丧，同死社稷，无所复恨。若其克捷，北敌奔走，兵势万倍，便当乘胜南上，逆之中道，不忧不破也。若如子计，恐士众散尽，坐待敌到，君臣俱降，无一人死难者，不亦辱乎！』

三月，悌等济江，围浑部将城阳都尉张乔于杨荷；乔众才七千，闭栅请降。诸葛靓欲屠之，悌曰：『强敌在前，不宜先事其小；且杀降不祥。』靓曰：『此属以救兵未至，力少不敌，故且伪降以缓我，非真伏②也。若舍之而前，必为后患。』悌不从，抚之而进。悌与扬州刺史汝南周浚结陈相对，沈莹帅丹阳锐卒、刀楯五千，三冲晋兵，不动。莹引退，其众乱，将军薛胜、蒋班因其乱而乘之，吴兵以次奔溃，将帅不能止，张乔自后击之，大败吴兵于版桥。诸葛靓帅数百人遁去，使过迎张悌，悌不肯去，靓自往牵之曰：『存亡自有大数，非卿一人所支，奈何故自取死！』悌垂涕曰：『仲思，今日是我死日也！且我为儿童时，便为卿家丞相所识拔，常恐不得其死，负名贤知顾。今以身徇社稷，复何道邪！』靓再三牵之，不动，乃流泪放去，行百余步，顾之，已为晋兵所杀，并斩孙震、沈莹等七千八百级，吴人大震。

资治通鉴

注释 ①江西：大江北流，自建业言之，历阳、皖城皆为江西。②伏：屈服。

译文 吴主闻王浑领兵南下，遣丞相张悌，督率丹阳太守沈莹、护军孙震、副军师诸葛靓领三万人渡江迎战。

至牛渚时，沈莹说：『晋于蜀地训练水师已久，我上流部队平日无备，现如今名将皆死，只有少年担当重任，恐怕不敌。晋国水军必经此处，我们要严阵以待，与其决一死战。若侥幸胜利，则江北自保，若战败，局势无救矣。』张悌道：『吴国将亡，此乃大势，非今日之事。我担心晋蜀之兵集结于此，恐将士畏惧，四散逃命。不如趁现在渡江，与晋决一死战。若败亡，便为国捐躯，死而无憾。若胜，敌军奔逃，我军将威势倍增，乘胜南进断其后路，则江北之围自解。若依你之计，恐兵士逃散，坐等敌军便一同投降，没有一个人是死于国难，岂不耻辱？』

三月，张悌渡江，于杨荷包围王浑部将、城阳都尉张乔。张乔手下仅七千人，闭营请降，诸葛靓欲杀之，张悌说：『大敌当前，不如先做紧要之事，况且杀降素来不吉。』诸葛靓说：『这些人不过因救兵未到，故而诈降施拖延之计，不可相信。若释放其继续前往，日后必成祸患。』张悌不听，安抚降军后继续前进。张悌与扬州刺史、汝南人周浚，列阵对垒。沈莹领丹阳精兵持大刀、盾牌者五千人，三次发起冲锋，效果微乎其微。沈莹领兵退却时，部众开始乱骚乱，此时，晋将军薛胜、蒋班乘乱攻来，吴兵接连逃窜，将帅制止不住，张乔从背后杀出，于版桥大败吴军。诸葛靓带几百人逃走，命人去接张悌，张悌不肯走，诸葛靓亲自前去拉他，说：『吴国气数已尽，何苦以一人支撑，求得一死？』张悌流泪道：『仲思，今日乃我死期。当我还是幼子时，便被你叔父诸葛亮赏识提拔，我时常担心死不能得其所，辜负了名贤对我知遇之恩。今天，我以身殉国，已无话可说。』诸葛靓再三拉他，还是拉不动，便含泪放手。走出百步回头望时，张悌已被晋兵所杀。同时被斩首的还有孙震、沈莹等七千八百人，吴人惊恐。

初，诏书使王濬下建平，受杜预节度，至建业，受王浑节度。濬至西陵，预与之书曰：『足下既摧其西藩，便当径取建业，讨累世之捕寇，释吴人于

涂炭，振旅还都，亦旷世一事也！』濬大悦，表陈预书。

王濬自武昌顺流径趣建业；吴主遣游击将军张象帅舟师万人御之，象众望旗而降。濬兵甲满江，旌旗烛天，威势甚盛，吴人大惧。

吴主之嬖臣岑昏，以倾险谀佞，致位九列①，好兴功役，为众患苦。及晋兵将至，殿中亲近数百人叩头请于吴主曰：『北军日近而兵不举刃，陛下将如之何？』吴主曰：『何故？』对曰：『正坐岑昏耳。』

吴主独言②：『若尔，当以奴谢百姓！』众因曰：『唯③！』遂并起收昏；吴主骆驿④追止，已屠之矣。

陶濬将讨郭马，至武昌，闻晋兵大入，引兵东还。至建业，吴主引见，问水军消息，对曰：『蜀船皆小，今得二万兵，乘大船以战，自足破之。』于是合众，授濬节钺。明日当发，其夜，众悉逃溃。

时王浑、王濬及琅邪王伷皆临近境，吴司徒何植、建威将军⑤孙晏悉送印节诣浑降。吴主用光禄勋薛莹、中书令胡冲等计，分遣使者奉书于浑、濬、伷以请降。朝廷闻吴已平，群臣皆贺上寿。

注释 ①九列：九卿。②独言：便说。③唯：诺。④骆驿：不绝，不断。⑤建威将军：汉光武命耿为建威大将军，建威之号自此始。

译文 初，晋武下诏王濬攻下建平，受杜预节制调度，至建业，接王浑部署、调度。王濬至西陵，杜预对他说：『你已摧毁敌军屏障，应直取建业，讨伐几代吴寇，救民于水火。此旷世奇功也。』王濬大喜，表奏杜预之信。

王濬于武昌顺江直逼建业。吴主派游击将军张象领舟师一万抵抗。张象见到王濬旌旗便降。此时，江中满布王濬士兵，旌旗滔天，吴人惊恐。

吴主宠臣岑昏，因其狡诈、逢迎谄媚而至九卿。他好兴土木，众人深受其苦。待晋兵将至，随从几百人向吴主请求：『北军日渐逼近，而我等不能持械抵抗，陛下您将如何？』吴主说：『这是什么原因？』众人答曰：『此岑昏之故。』吴主便道：『果真如此，就杀此奴向百姓谢罪。』众人应：『是！』便爬起来逮捕岑昏。等到吴主反悔，岑昏已死。

吴将陶濬欲征郭马，至武昌，闻晋军大兵已至，便引军东归。至建业，吴主问其水师近况。陶濬曰：『蜀船小，给我二万兵马乘大船作战便可破之。』于是吴主召集将士，授符节斧钺。原定二日出发，但当天夜里，陶濬召集之士兵便全部逃光。

此时，王浑、王濬及琅邪王司马伷都已逼近建业，吴司徒何植、建威将军孙晏把印玺、符节送至王浑处请降。吴主应光禄勋薛莹、中书令胡冲等计谋，分派使者至王浑、王濬、司马伷处请降。晋武帝闻东吴已定，大臣们都来庆贺，为其祝寿。

资治通鉴

第五章

晋纪

淝水之战

（太元七年）冬，十月，秦王坚会群臣于太极殿，议曰：『自吾承业，垂三十载，四方略定，唯东南一隅，未沾王化。今略计吾士卒，可得九十七万，吾欲自将以讨之，何如？』

尚书左仆射权翼曰：『昔纣为无道，三仁在朝，武王犹为之旋师。今晋虽微弱，未有大恶；谢安、桓冲皆江表伟人，君臣辑睦，内外同心，以臣观之，未可图也！』太子左卫率石越曰：『今岁镇守斗[1]，福德在吴，伐之，必有天殃。且彼据长江之险，民为之用，殆未可伐也！』坚曰：『昔武王伐纣，逆岁违卜。天道幽远，未易可知。夫差、孙皓皆保据江湖，不免于亡。今以吾之众，投鞭于江，足断其流，又何险之足恃乎！』对曰：『三国之君[2]皆淫虐无道，故敌国取之，易于拾遗。今晋虽无德，未有大罪，愿陛下且按兵积谷，以待其衅。』

群臣皆出，独留阳平公融，谓之曰：『自古定大事者，不过一二臣而已。今众言纷纷，徒乱人意，吾当与汝决之。』对曰：『今伐晋有三难：天道不顺，一也；晋国无衅，二也；我数战兵疲，民有畏敌之心，三也。群臣言晋不可伐者，皆忠臣也，愿陛下听之。』坚作色曰：『汝亦如此，吾复何望！吾强兵百万，资仗如山；吾虽未为令主，亦非暗劣。乘累捷之势，击垂亡之国，何患不克，岂可复留此残寇，使长为国家之忧哉！』融泣曰：『晋未可灭，昭然甚明。今劳师大举，恐无万全之功。且臣之所忧，不止于此。陛下宠育鲜卑、羌、羯，布满畿甸。此属皆我之深仇。太子独与弱卒数万留守京师，臣惧有不虞之变生于腹心肘掖，不可悔也。臣之顽愚，诚不足采；王景略一时英杰，陛下常比之诸葛武侯，独不记其临没之言乎！』坚不听。

冠军、京兆尹慕容垂言于坚曰：『弱并于强，小并于大，此理势自然，非难知也。以陛下神武应期，威加海外，虎旅百万，韩、白[3]满朝，而蕞[4]尔江南，独违王命，岂可复留之以遗子孙哉！《诗》云：「谋夫孔多，是用不集。」陛下断自圣心足矣，何必广询朝众！晋武平吴，所仗者张、杜二三臣而已，若从朝众之言，岂有混一之功！』坚大悦曰：『与吾共定天下者，独卿而已。』赐帛五百匹。

坚锐意欲取江东，寝不能旦，坚素信重沙门道安，群臣使道安乘间进言。十一月，坚与道安同辇游于东苑，坚曰：『朕将与公南游

吴、越，泛长江，临沧海，不亦乐乎！』安曰：『陛下应天御世，居中土而制四维，自足比隆尧、舜；何必栉风沐雨，经略遐方乎！且东南卑湿，沴气⑤易构，虞舜游而不归，大禹往而不复，何足以上劳大驾也！』坚曰：『天生烝民而树之君，使司牧之，朕岂敢惮劳，使彼一方独不被泽乎！必如公言，是古之帝王皆无征伐也！』道安曰：『必不得已，陛下宜驻跸洛阳，遣使者奉尺书于前，诸将总六师于后，彼必稽首入臣，不必亲涉江、淮也。』坚不听。

坚幼子中山公诜最有宠，亦谏曰：『臣闻国之兴亡，系贤人之用舍。今阳平公，国之谋主，而陛下违之，晋有谢安、桓冲，而陛下伐之，臣窃惑之！』坚曰：『天下大事，孺子安知！』

注释 ①岁：木星。镇：土星。②三国之君：谓纣、夫差、孙皓。③韩、白：谓韩信、白起。④蕞：小。⑤气：五行之气相克胜则为气。

译文 晋孝武帝太元七年（三八二年）冬季，十月，前秦王苻坚于太极殿召见群臣，与其商议曰：『自承大业以来，已三十余年，四方之地，大致平定，仅东南一隅，尚未统一。现粗算我国军士，九十七万有余，我想亲征晋朝，你们以为如何？』

尚书左仆射权翼说：『过去商纣王无道，但微子、箕子、比干三位仁人在朝，周武王尚且因此回师，不予讨伐。如今晋朝虽然衰微软弱，但还没有大的罪恶，谢安、桓冲又都是长江一带才识卓越的人才，他们君臣和睦，内外同心，依我来看，不可图谋！』太子左卫率石越说：『今木星、土星居于斗宿，福德在吴地，如果讨伐他们，必有天灾。而且他们凭借着长江天险，百姓又为其所用，恐怕不能讨伐！』苻坚说：『过去周武王讨伐商纣，就是逆太岁运行的方向而进，也违背了占卜的结果。天道隐微幽远，不容易确知。夫差、孙皓全都据守江湖，但也不能免于灭亡。如今凭借我兵众，把鞭子投之于长江，也足以断绝水流，又有什么天险足以凭借呢！』石越回答说：『商纣、夫差、孙皓这三国之君，全都淫虐无道，所以敌对的国家攻取他们，就像俯身拣拾遗物一样容易。如今晋朝虽然缺乏道德，但没有大的罪恶，愿陛下暂且按兵不动，积聚粮谷等，等待他们灾祸的降临。』

群臣们都出去了，唯独留下了阳平公苻融。苻坚对他说：『自古参与决定大事的人，不过是一两个大臣而已。如今众说纷纭，只能扰乱人心，我要与你来决定此事。』苻融对苻坚说：『如今讨伐晋朝有三难：天道不顺，此其一；晋国自身无灾祸，此其二；我们频繁征战，

士兵疲乏，百姓怀有畏敌之心，此其三。群臣当中说不能讨伐晋朝的人，全都是忠臣，希望陛下听从他们的意见。』苻坚脸色一变说：『你也是如此，我还能寄希望于谁呢！我有强兵百万，资财兵器堆积如山；我虽然不是完美的君主，但也不是昏庸之辈。乘着捷报频传之势，攻击垂死挣扎之国，还怕攻不下来？怎么可以再留下这些残敌，使他们长久地成为国家的忧患呢！』苻融哭泣着说：『晋朝无法灭掉，事情非常明显。如今大规模地出动疲劳的军队，恐怕不会获得万无一失的战功。况且我所忧虑的还不仅于此。陛下宠爱养育鲜卑人、羌人、羯人，让他们布满京师，这些人都对我们有深仇大恨。太子独自和数万弱兵留守京师，我害怕有不测之变出现在我们的心腹地区，后悔不及。我的愚妄之见，确实不值得采纳，王猛是一时的英明杰出之人，陛下常常把他比作诸葛亮，为什么唯独不铭记他的临终遗言呢！』苻坚没有听从。

冠军将军、京兆尹慕容垂向苻坚进言说：『弱被强所并，小被大所吞，这是自然的道理与趋势，并不难理解。像陛下这样神明威武，适应天意，威名远播海外，拥有强兵劲旅百万，韩信、白起那样的良将布满朝廷，而江南弹丸之地，独敢违抗王命，岂能再留下他们而交给子孙后代呢！《诗经》云：『出谋划策人太多，因此事情不成功。』陛下自己在内心作出决断就完全可以了，何必广泛地征询众朝臣的意见！晋武帝平定吴国，所倚仗的只有张华、杜预两三位大臣而已，如果听从众朝臣之言，难道能有统一天下的功业！』苻坚十分高兴地说：『与我共同平定天下的人，只有你而已。』赏赐给慕容垂五百匹帛。苻坚朝思暮想攻取长江以东，睡觉不能至天明。

苻坚历来信任重视僧人道安，群臣们让道安寻找机会向苻坚进言。十一月，苻坚与道安同乘一车在东苑游览，苻坚说：『朕将要与你南游吴、越之地，泛舟长江，亲临沧海，不也是很快乐的事情吗？』道安说：『陛下顺应天意统治天下，身居中原而控制四方，自身的昌隆就足以与尧、舜相比，何必栉风沐雨，经营远方呢！而且东南地区低洼潮湿，容易造成灾害不祥之气，虞、舜前去游猎就再也没有返回，大禹去了一趟就再也没有第二趟，有什么值得劳您大驾的呢？』苻坚说：『上天生育了民众而为他们树立了君主，是让君主统治他们，朕岂敢害怕辛劳，唯独使那一方土地不承受恩泽呢！如果一定像你所说的那样，古代的帝王就全都没有征伐之事了！』道安说：『一定要干的话，陛下应该在洛阳停驻，先派遣使者给他们送去书信，众将领统领六军跟随于后，他们就一定会叩首称臣，您不必亲自涉足长江、淮河。』苻坚没有听从。

苻坚之孺子、中山公苻诜最受苻坚宠爱，进谏苻坚曰：『我听说国家兴亡，在于任用贤能。现阳平公苻融乃国家智囊，您却不纳其议；晋朝有谢安、桓冲，而陛下却兴兵讨之，我大惑难解。』苻坚说：『天下之事，你一个小孩子知道什么！』

（太元八年）秦王坚下诏大举入寇。八月，戊午，坚遣阳平公融督张蚝、慕容垂等步骑二十五万为前锋；以兖州刺史姚苌为龙骧将军，督益、梁州诸军事。甲子，坚发长安，戎卒六十余万，骑二十七万，旗鼓相望，前后千里。九月，坚至项城，凉州之兵始达咸阳，蜀、汉之兵方顺流而下，幽、冀之兵至于彭城，东西万里，水陆齐进，运漕万艘。

诏以尚书仆射谢石为征虏将军、征讨大都督，以徐、兖二州刺史谢玄为前锋都督，与辅国将军谢琰、西中郎将桓伊等众共八万拒之；使龙骧将军胡彬以水军五千援寿阳。琰，安之子也。

冬，十月，秦阳平公融等攻寿阳，癸酉，克之，胡彬闻寿阳陷，退保硖石，融进攻之。秦卫将军梁成等帅众五万屯于洛涧，栅淮以遏东兵。谢石、谢玄等去洛涧二十五里而军，惮成不敢进。（坚）遣尚书朱序来说谢石等，以为：『强弱异势，不如速降。』序私谓石等曰：『若秦百万之众尽至，诚难与为敌。今乘诸军未集，宜速击之；若败其前锋，则彼已夺气，可遂破也。』

十一月，谢玄遣广陵相刘牢之帅精兵五千趣洛涧，牢之直前渡水，击成，大破之，斩成及弋阳①太守王咏；又分兵断其归津，秦步骑崩溃，争赴淮水，士卒死者万五千人。于是谢石等诸军，水陆继进。秦王坚与阳平公融登寿阳城望之，见晋兵部阵严整，又望八公山上草木皆以为晋兵，顾谓融曰：『此亦勍敌，何谓弱也！』怃然始有惧色。

秦兵逼淝水而陈，晋兵不得渡。谢玄遣使谓阳平公融曰：『君悬军深入，而置陈逼水，此乃持久之计，非欲速战者也。若移陈少却，使晋兵得渡，以决胜负，不亦善乎！』秦诸将皆曰：『我众彼寡，不如遏之，使不得上，可以万全。』坚曰：『但引兵少却，使之半渡，我以铁骑蹙而杀之，蔑不胜矣！』融亦以为然，遂麾兵使却。秦兵遂退，不可复止。谢玄、谢琰、桓伊等引兵渡水击之。融驰骑略陈，欲以帅退者，马倒，为晋兵所杀，秦兵遂溃。玄等乘胜追击，至于青冈；秦兵大败，自相蹈藉而死者，蔽野塞川。

其走者闻风声鹤唳，皆以为晋兵且至，昼夜不敢息，草行露宿②，重以饥冻，死者什七八。初，秦兵少却，朱序在陈后呼曰：『秦兵败矣！』众遂大奔。序因与张天锡、徐元喜皆来奔。获秦王坚所乘云母车③。复取寿阳，执其淮南太守郭褒。

坚中流矢，单骑走至淮北，饥甚，民有进壶飧④、豚髀者，坚食之，赐帛十匹，绵十斤。辞曰：『陛下厌苦安乐，自取危困。臣为陛下子，陛下为臣父，安有子饲其父而求报乎！』弗顾而去。坚谓张夫人曰：『吾今复何面目治天下乎！』潸然流涕。

谢安得驿书，知秦兵已败，时方与客围棋，摄书置床上，了无喜色，围棋如故。客问之，徐答曰：『小儿辈遂已破贼。』既罢，还内，过户限，不觉屐齿之折。

注释 ①弋阳：曹魏分西阳、蕲春，置弋阳郡；唐为光、蕲、黄三州之地。②草行：涉草而行。露宿：宿于田野。③云母车：以云母饰犊车。④飧：熟食。

译文 晋孝武帝太元八年（三八三年），前秦王苻坚下诏，大举侵晋。八月，戊午（初二），苻坚遣阳平公苻融督率张蚝、慕容垂等，兵马二十五万先锋，任命兖州刺史姚苌为龙骧将军，督益、梁州诸军事。甲子（初八），苻坚发兵长安，步兵六十余万，骑兵二十七万，旌旗战鼓绵延千里。九月，苻坚抵达项城，凉州军队刚至咸阳，蜀、汉军队顺流而下，幽、冀部队到达彭城，东西万里，水陆并进，运输军粮万余艘。

东晋下诏，任尚书仆射谢石为征虏将军、征讨大都督，命徐、兖二州刺史谢玄为前锋都督，与辅国将军谢琰、西中郎将桓伊等出兵八万抗秦；命龙骧将军胡彬领五千水军援助寿阳。谢琰乃谢安之子。

冬季，十月，前秦阳平公苻融攻打寿阳。癸酉（十八日），攻克寿阳。胡彬闻寿阳沦陷，退守硖石，苻融进军硖石。前秦卫将军梁成领兵五万扎于洛涧，沿淮河布防以遏东边部队。谢石、谢玄距离洛涧二十五里处驻军，惧怕梁成不敢前进。苻坚派尚书朱序劝降谢石曰：『兵势悬殊，不如归降。』朱序私下对谢石说：『若秦百万之众抵达，我们实难以抗衡。如今各路军队尚未汇集，我们应趁机火速攻击。若能败其先锋，使其士气丧尽，便胜利在望。』

十一月，谢玄派广陵相刘牢之率领五千精兵开赴洛涧，在离洛涧十里的地方，梁成扼守山涧布署兵阵以等待刘牢之。刘牢之径直向前渡河，攻击梁成，大败梁成，斩杀了梁成以及弋阳太守王咏。又分派部队堵绝了他们归途上的渡口，前秦的步、骑兵全都崩溃，争先恐

后地逃向淮水，死亡的士兵有一万五千人，抓获了前秦扬州刺史王显等人，收缴了他们全部的武器军粮。于是谢石等各路军队，从水路、陆路相继进发。前秦王苻坚与阳平公苻融登上寿阳城观望，只见东晋的军队布阵严整，又望见了八公山上的草木，也以为都是东晋的士兵，苻坚调头对苻融说：『这也是强敌，怎么能说他软弱呢！』苻融茫然若失，脸上开始有了恐惧的神色。

前秦的军队紧逼淝水而布阵，东晋的军队无法渡过。谢玄派使者对阳平公苻融说：『您孤军深入，然而却紧逼淝水部署军阵，这是长久相持的策略，不是想迅速交战的办法。如果能移动兵阵稍微后撤，让晋朝的军队得以渡河，以决胜负，不也是很好的事情吗！』前秦众将领都说：『我众敌寡，不如遏制他们，使他们不能上岸，这样可以万无一失。』苻坚说：『只带领兵众稍微后撤一点，让他们渡河渡到一半，我们再出动铁甲骑兵奋起攻杀，没有不胜的道理！』苻融也认为可以，于是就挥舞战旗，指挥兵众后退。前秦的军队一退就不可收拾。谢玄、谢琰、桓伊等率领军队渡过河攻击他们。苻融驰马巡视军阵，想来率领退逃的兵众，结果战马倒地，苻融被东晋的士兵杀掉，前秦的军队于是就崩溃了。谢玄等乘胜追击，一直追到青冈，前秦的军队大败，自相践踏而死的人，遮蔽山野，堵塞山川。逃跑的人听到刮风的声音和鹤的鸣叫声，都以为是东晋的军队将要来到，昼夜不敢停歇，慌不择路，风餐露宿，冻饿交加，死亡的人十有七八。当初，前秦的军队稍微后撤时，朱序在军阵后面高声呼喊：『秦军失败了！』兵众们听到后就狂奔乱逃。朱序乘机与张天锡、徐元喜都来投奔东晋。缴获了前秦王苻坚所乘坐的装饰着云母的车乘。又攻取了寿阳，抓获了前秦的淮南太守郭褒。

苻坚中了流箭，单身匹马逃到淮河以北，十分饥饿，有的百姓送来了盛在壶里的水泡饭、猪骨头，苻坚吃了下去，赏赐给他们十匹布帛，十斤绵。这些人推辞说：『陛下厌倦困苦，安于享乐，自取危难。我是陛下的儿子，陛下是我的父亲，哪里有儿子给父亲饭吃还求取报偿的呢！』他们连赏赐的那些东西看也没看就离开了。苻坚对张夫人说：『我如今再以什么面目去治理天下呢！』说着便潸然泪下。

谢安接到驿站书信，知前秦部队已败，当时正与客人下棋，持信于塌上，面无喜色，继续下棋。客人问他什么事，他不急不忙道：『小孩子们已经打败了贼寇。』谢安下完棋以后，回到屋里，过门槛时，高兴得连屐齿折断都不知道。

刘宋代晋

（义熙十四年）六月，太尉裕始受相国、宋公、九锡之命。

宋公裕以《谶》云『昌明之后尚有二帝』，乃使中书侍郎王韶之与帝左右密谋鸩帝而立琅邪王德文。德文常在帝左右，饮食寝处，未尝暂离；韶之伺之经时，不得间。会德文有疾，出居于外。戊寅，韶之以散衣缢帝于东堂。裕因称遗诏，奉德文即皇帝位，大赦。

（元熙元年）秋，七月，宋公裕始受进爵之命。

（永初元年正月）宋王欲受禅而难于发言，乃集朝臣宴饮，从容言曰：『桓玄篡位，鼎命已移。我首唱大义，兴复帝室，南征北伐，平定四海，功成业著，遂荷九锡。今年将衰暮，崇极如此，物忌盛满，非可久安；今欲奉还爵位，归老京师。』群臣惟盛称功德，莫谕其意。日晚，坐散。中书令傅亮还外，乃悟，而宫门已闭，亮叩扉请见，王即开门见之。亮入，但曰：『臣暂宜还都。』王解其意，无复他言，直云：『须几人自送？』亮曰：『数十人可也。』即时奉辞。亮出，已夜，见长星竟天，拊髀叹曰：『我常不信天文，今始验矣。』亮至建康，夏，四月，征王入辅。

六月，壬戌，王至建康。傅亮讽晋恭帝禅位于宋，具诏草呈帝，使书之。帝欣然操笔，谓左右曰：『桓玄之时，晋氏已无天下，重为刘公所延，将二十载；今日之事，本所甘心。』遂书赤纸为诏。甲子，帝逊于琅邪第，百官拜辞。丁卯，王为坛于南郊，即皇帝位。帝临太极殿，大赦，改元。其犯乡论清议，一皆荡涤，与之更始。

译文 晋安帝义熙十四年（四一八年）六月，东晋太尉刘裕受相国、宋公、九锡之命。

东晋宋公刘裕，认为谶书上有句话：『昌明之后，还有两个皇帝。』于是，派中书侍郎王韶之，与晋安帝左右亲信密谋毒死安帝司马德宗，另立琅琊王司马德文。司马德文常在司马德宗身边，饮食睡眠，都不曾暂时离开。王韶之窥伺多时，没有机会下手。正巧，司马德文患病，出宫休养。戊寅（十七日），王韶之用衣裳拧成绳索，在东堂勒死司马德宗。刘裕于是声称奉司马德宗的遗诏，拥立司马德文即皇帝位，大赦天下。

晋恭帝元熙元年（四一九年）秋季，七月，宋公刘裕受宋王诏命。宋武帝永初元年（四二〇年）正月，东晋宋王刘裕希望晋恭帝司马德文能以禅让的形式把帝位

传给自己，却难于启齿，于是，他召集手下朝臣饮酒欢宴。在筵席上，刘裕若无其事地说：『当年桓玄篡位，晋国大权旁落。是我首先提倡大义，复兴皇帝宗室，南征北讨，平定了天下，可谓大功告成，业绩卓著，于是承蒙皇上恩赐而有九锡之尊。如今我的年纪也快老了，地位又如此尊崇，无以复加，都忌讳像容器那样盛水太满而盈溢出来，那样就不可以得到长久的安宁了，现在我要将爵位奉还皇上，回到京师颐养天年。』群臣不理解他的真正含意，只是一味盛称他的功德。这日天色已晚，群臣散去。中书令傅亮走出宫门，方才悟出宋王一席话的真实用意，但是宫门已经关闭，傅亮便叩门请求见宋王，宋王即令开门召见他。傅亮入宫，只说：『我应该暂且返回京师。』宋王刘裕明白他的用意，也不再多说别的，直接问：『你需要多少人护送？』傅亮回答说：『数十人就足够了。』随即与宋王刘裕辞别。傅亮出宫时已是半夜时分，只见彗星划过夜空，傅亮拍腿叹曰：『我过去常常不信天象，今天看来天象开始应验了。』傅亮来到京师建康，当时正值初夏四月，晋恭帝征召刘裕入京辅弼。

六月，壬戌（初九），宋王刘裕来到建康。傅亮用委婉的语言暗示晋恭帝将帝位禅让给宋王，并且草拟了退位诏书呈给晋恭帝，让他亲自抄写一遍。晋恭帝欣然提笔，并对左右侍臣说：『桓玄之乱的时候，晋朝已失掉天下，后来幸赖刘公才得以延续将近二十年；今日禅位给他，是我甘心所为。』于是将傅亮呈来的草稿作为正式诏书抄写在红纸上。甲子（十一日），晋恭帝司马德文让位，归琅琊旧邸，百官叩拜。丁卯（十四日），宋王刘裕在南郊设坛，即帝位。刘宋武帝刘裕登太极殿，大赦天下，改年号永初。刘裕下诏，凡受乡里舆论抨击之人，恢复其名誉，使其改过自新。

点评 篡逆大恶，天道好还，晋司马氏本篡魏而有天下，乃假托于禅受之名，故其后世，强臣陵夺，亦复如是。今观刘裕之所以取德文，即向日司马炎之所以取曹奂者也，先后一辙，报施不爽，可以为永鉴矣。历宋而齐、梁、陈、隋，朝君臣，暮仇敌，君如弈棋，国如传舍，才得便失，远者五六十年，近者二三十年，皆繇君德不纲，强臣擅命所致。然则国之权纲，人主其可一日不揽，而使下移于强臣，以成陵替之渐哉。（张居正）

奉晋恭帝为零陵王；优崇之礼，皆仿晋初故事。

初，帝以毒酒一罂授前琅邪郎中令张伟，使鸩零陵王，伟叹曰：『鸩君以求生，不如死！』乃于道自饮而卒。太常褚秀之、侍中褚淡之，皆王之妃兄也，王每生男，帝辄令秀之兄弟方便①杀之。王自逊位，深虑祸及，与褚妃共处一室，自煮食于床前，余食所资，皆出褚妃，故宋人莫得伺其隙。（永初二年）九月，帝令淡之与兄右卫将军叔度往视妃，妃出就别室相见。兵人逾垣而入，进药于王。王不肯饮，曰：『佛教，自杀者不复得人身。』兵人以被掩杀之。帝帅百官临于朝堂三日。

注释 ①方便：同原意。

译文 刘宋武帝封晋恭帝零陵王；对晋室优待尊崇，一律仿晋初优待魏室例矣。

当初，刘宋武帝曾把一瓦罐毒酒交给前琅琊郎中令张伟，让他毒死东晋废帝、改封为零陵王的司马德文。张伟叹息说：『毒杀君王而求活命，不如一死』。于是就在路上自饮而亡。太常褚秀之、侍中褚淡之，两人都是零陵王的王妃褚灵秀的哥哥，司马德文的妻妾中，每每有人生下男孩，刘裕便命褚秀之兄弟趁便扼杀。司马德文逊位后，他深恐自己也不免毒手，就与褚妃同住一室，在床前煮饭烧汤，饮食等所需用的都由褚妃亲手操办。所以刘裕的人一时没有机会下手。九月，刘宋武帝命令褚淡之与其兄右卫将军褚叔度前往探视他们的妹妹褚妃。褚妃出来到另一间房子与二兄相见。伏兵翻墙而入，把毒药递给零陵王司马德文。司马德文不肯饮服，说：『佛教的教义，自杀而死的，再世投胎时，将不能得到人身。』士卒一拥而上，用被蒙住司马德文的头，将他闷死。刘裕率领文武百官亲临朝堂哭泣哀悼三天。

点评 自是之后，禅让之君，罕得全矣。（胡三省）

资治通鉴

第六章

宋纪

太子弑父

（元嘉三十年正月）帝欲废太子劭，赐始兴王濬死，先与侍中王僧绰谋之；使僧绰寻汉魏以来废太子、诸王典故，送尚书仆射徐湛之及吏部尚书江湛。

武陵王骏素无宠，故屡出外藩，不得留建康；南平王铄、建平王宏皆为帝所爱。铄妃，江湛之妹；随王诞妃，徐湛之之女也；湛劝帝立铄，湛之意欲立诞。僧绰曰：『建立之事，仰由圣怀。臣谓唯宜速断，不可稽缓。「当断不断，反受其乱。」愿以义割恩，略小不忍；不尔，便应坦怀如初，无烦疑论。事机虽密，易致宣广，不可使难生虑表，取笑千载。』帝曰：『卿可谓能断大事。然此事至重，不可不殷勤三思。且彭城始亡，人将谓我无复慈爱之道。』僧绰曰：『臣恐千载之后，言陛下唯能裁弟，不能裁儿。』帝默然。江湛同侍坐，出阁，谓僧绰曰：『卿向言将不太伤切直！』僧绰曰：『弟亦恨君不直！』

译文 宋文帝元嘉三十年（四五三年）正月，文帝想废掉太子刘劭，并且让始兴王刘濬死，于是就跟侍中王僧绰商量。文帝让王僧绰去查以前废黜太子和亲王的例子，分别让尚书仆射徐湛和吏部尚书江湛研究研究。

武陵王刘骏平时就没人宠爱，还总去外地当官，不能留在建康。南平王刘铄、建平王刘宏二人都受文帝宠爱。刘铄的一个妃子是江湛妹妹，随王刘诞的妃子是徐湛之闺女。江湛鼓动文帝立刘铄为太子，徐湛之则想立刘诞为太子。王僧绰说：『封立太子这件事，应由陛下作主决定。我以为应该立即决断，不能再等待拖延了。「当断不断，反受其乱。」但愿陛下您能用国家大义去割舍您的骨肉亲情，不要在小事上不忍。不然您就应该像当初那样以父情对待儿子，不再不厌其烦地怀疑谈论这些事。决定重新封立太子一事虽然是在极保密的情况下进行的，最终也还是容易泄漏出去，不应该让灾难发生在您的意料之外，而被后世所耻笑。』文帝说：『你可真是个干大事儿的人，可这事太大了，你也得小心三思啊。而且你看彭城王刘义康刚死，我这么一干，别人不是就说我没爱心了？』王僧绰说：『我恐怕千年以后，人们会说陛下您只能制裁弟弟，而不能制裁儿子。』文帝沉默无语。当时，江湛也跟着陪座，出了宫门，他就说：『你刚才说话太直了。』王僧绰说：『我也觉得你说话不直啊。』

铄自寿阳入朝，既至，失旨。帝欲立宏，嫌其非次，是以议久不决。每夜与湛之屏人语，或连日累夕。常使湛之自秉烛，绕壁检行，虑有窃听者。帝以其谋告潘淑妃，淑妃以告濬，濬驰报劭。劭乃密与腹心队主陈叔儿、斋帅张超之等谋为逆。

初，帝以宗室强盛，虑有内难，特加东宫兵，使与羽林相若，至有实甲万人。劭性黠①而刚猛，帝深倚之。及将作乱，每夜飨将士，或亲自行酒。王僧绰密以启闻。会严道育婢将至，（正月）癸亥夜，劭诈为帝诏云：『鲁秀谋反，汝可平明守阙，帅众入。』因使张超之等集素所畜养兵士二千余人，皆被甲；召内外幢队主副，豫加部勒，云有所讨。夜，呼前中庶子右军长史萧斌、左卫率袁淑、中舍人殷仲素、左积弩将军②王正见并入宫。劭流涕谓曰：『主上信谗，将见罪废。内省无过，不能受枉。明旦当行大事，望相与戮力。』因起，遍拜之。众惊愕，莫敢对。淑、斌皆曰：『自古无此。愿加善思。』劭怒，变色。斌惧，与众俱曰：『当竭身奉令。』淑叱之曰：『卿便谓殿下真有是邪？殿下幼尝患风，或是疾动耳。』劭愈怒，因眄③淑曰：『事当克不？』淑曰：『居不疑之地，何患不克！但恐既克之后，不为天地所容，大祸亦旋④至耳。假有此谋，犹将可息。』左右引淑出，曰：『此何事，而云可罢乎！』淑还省，绕床行，至四更乃寝。

注释 ①黠：聪慧。②左积弩将军：官职，还有右积弩将军。③眄：斜视。④旋：还返。

译文 刘铄从寿阳回来，到京师后很令文帝失望。文帝想让刘宏当太了，又觉得不分长幼，于是商议了半天也没拍板。数夜，文帝皆与徐湛之秘谈，时而彻夜。文帝令徐湛之举烛台，绕墙壁检查，唯恐有人偷听。文帝将此计划告知潘淑妃，潘淑妃告知其子刘濬，刘濬骑马飞奔告知刘劭。刘劭就和他心腹陈叔儿还有斋帅张超之等密谋谋反。

当初，文帝觉得皇室力量很强，怕内部有人造反，就加强了东宫兵力，和羽林军人数差不多算起来有一万多人。刘劭性情狡猾而又刚强勇猛，文帝一直深深地依赖着他。刘劭将要反叛时，每天夜里都要设宴犒劳东宫卫队的将士们，有时甚至亲自前来敬酒。王僧绰听说后，秘密报告给了文帝。这时正赶上严道育的两个婢女就要被押到朝廷。癸亥夜晚，刘劭伪造了文帝的诏书说：『鲁秀图谋反叛，命令你清晨守住宫门，率领众兵入宫。』刘劭又让张超之把他平时养的那些杀手都叫

来，全副武装。然后，他就安排夜里巡逻的队长们，骗他们说有紧急征讨任务。这天深夜，刘劭传唤前中庶子右军长史萧斌，左卫率袁淑、中舍人殷仲素和左积弩将军王正见，一同进入东宫。刘劭涕泪横流，对他们说：『主上听信别人的谗言，要把我治罪废黜。我自己反省并没有什么过失，不能被别人冤枉。明天一早，我就要做出一件大事，希望你们和我共同努力。』说完，刘劭就从座位上站了起来，向在座各位下拜。大家听后都极为惊愕震憾，没有谁敢于回答。袁淑和萧斌都说：『打古时候起我还没听过有这种事儿，你得考虑考虑。』刘劭听完立刻板起脸来。萧斌一看，有点害怕，就跟别人说：『我们肯定会好好执行命令。』袁淑听后，叱责他们说：『你们以为殿下是真要这样吗？殿下小时候曾经得过疯病，大概是疯病发作了。』刘劭听后更是怒不可遏，斜着眼睛看着袁淑说：『我的事能不能办成？』袁淑回答说：『你现在处在绝对不会被人怀疑的地位，怎么能做不到呢！只是担心你在做成之后，不会被天地所容，大祸也会马上随之而来。假使真有这种打算还可以收回。』左右之人把袁淑拉出去说：『这是什么事，怎么可以说半途而废呢？』袁淑从太子刘劭那儿回来，琢磨来琢磨去，在床跟前踅摸半天，四更天才睡觉。

（正月）甲子，宫门未开，劭以朱衣①加戎服上，乘画轮车②，与萧斌共载，卫从如常入朝之仪。呼袁淑甚急，淑眠不起，劭停车奉化门催之相续。淑徐起，至车后，劭使登车，又辞不上，劭命左右杀之。

守门开，从万春门入。旧制，东宫队不得入城。劭以伪诏示门卫曰：『受敕，有所收讨。』令后队速来。张超之等数十人驰入云龙门及斋阁，拔刀径上合殿。帝其夜与徐湛之屏人语至旦，烛犹未灭，门阶户席直卫兵尚寝未起。帝见超之入，举几捍之，五指皆落，遂弑之。湛之惊起，趣北户，未及开，兵人杀之。劭进至合殿中阁，闻帝已殂，出坐东堂。萧斌执刀侍直，呼中书舍人顾嘏，嘏震惧，不时出，既至，问曰：『欲共见废，何不早启？』嘏未及答，即于前斩之。江湛直上省，闻喧噪声，叹曰：『不用王僧绰言，以至于此！』乃匿傍小屋中，劭遣兵就杀之。宿卫旧将罗训、徐罕皆望风屈附。左细仗主、广威将军吴兴卜天与不暇被甲，执刀持弓，疾呼左右出战。徐罕曰：『殿下入，汝欲何为！』天与骂曰：『殿下常来，云何于今乃作此语！只汝是贼！』手射劭于东堂，几中之。劭党击之，断臂而死。队将张泓之、朱道钦、陈满与天与俱战死。左卫将军尹弘惶怖通启，

求受处分。劭使人从东阁入，杀潘淑妃及太祖亲信左右数十人，急召始兴王濬使帅众屯中堂。既入，见劭，劭曰：『潘淑妃遂为乱兵所害。』濬曰：『此是下情由来所愿。』

劭诈以太祖诏召大将军义恭、尚书令何尚之入，拘于内；并召百官，至者才数十人。劭遽即位，大赦，改元太初。即位毕，亟称疾还永福省，不敢临丧，以白刃自守，夜则列灯以防左右。

注释 ①朱衣：太子入朝穿的衣服。②画轮车：用彩漆画轮毂的车。

译文 正月甲子（二十一日），皇宫还没开门，刘劭就穿着朝服，里面是装甲，坐着车跟萧斌进了朝，侍从都没阻拦。刘劭派人召袁淑，袁淑正在睡觉，不肯起来，刘劭将车停于奉化门，遣人催促。袁淑才刚起床，等刘劭车来了，刘劭叫他上车，他不上，刘劭就把他杀了。

宫门一开，刘劭就从万春门进去。按说平时，东宫卫队是不能进宫门的。刘劭拿出伪造的诏书跟门卫说：『我是来讨贼的！』命后面部队火速跟进。张超之等几十人出云龙门入斋阁，拔刀直奔合殿。文帝昨天夜里与徐湛之等秘谈至第二天早晨，蜡烛未熄，门前、台阶、窗外值班卫士皆昏睡未起。文帝见张超之闯入，立刻举案几抵挡，五指被砍断，接着，张超之把文帝杀了。徐湛之大惊，起身奔向北窗，未开窗门即被士卒所杀。刘劭入合殿，闻文帝已死，立刻至东堂就坐。萧斌持刀立于身旁护卫，刘劭唤中书舍人顾嘏，顾嘏大惊，不敢前去，等刘劭来催促，对他说：『陛下要废黜我等，为何不提前告诉我？』顾嘏还没说话，就被刘劭砍死。江湛这会儿正在值着班，听外面热闹起来，便道：『当初不听王僧绰的话，才到今天这田地。』于是躲到旁边小屋去了，刘劭的搜兵见了他，就把他杀了。皇宫卫队原来的将领罗训、徐罕见状，望风归降。左细仗主、广威将军吴兴人卜天与来不及披上铠甲，便手持一刀一弓，呼唤左右前来迎战。徐罕道：『殿下入宫，你想做什么？』卜天与怒骂道：『殿下常常入宫，你为何今天才说这种话？只怕你就是逆贼！』卜天与弯弓搭箭，从东堂一箭射向刘劭，几乎射中。刘劭党羽群起而攻之，卜天与被砍断手臂身亡，皇宫宿卫队将士张泓之、朱道钦、陈满等与卜天与战死。左卫将军尹弘胆战心惊来见刘劭，请求处罚。刘劭又派人从东阁门闯入后宫，杀刘濬之母潘淑妃及文帝生前亲信共计几十人，又紧急传召始兴王刘濬前来，让其率手下士卒屯扎中堂。刘濬进宫拜刘劭，刘劭说：『潘淑妃已经被乱军杀死。』刘濬说：『这是我梦寐以求的事啊！』

刘劭拿着假诏，让大将军刘义恭、尚书令何尚之入宫，然后把他们关在宫里。同时，召集文武百官，来者不足百人。刘劭急继帝位，大赦天下，改年号为太初。刘劭登基以后说自己有病，就回宫内居地永福省了，不敢去主持父亲的葬礼，并且让左右都持刀并且夜间点灯，防止夜间有人陷害他。

资治通鉴 第七章

齐 纪

资治通鉴

齐纪一

东昏侯暴虐

(永泰元年七月)己酉,上殂于正福殿。遗诏:『徐令可重申前命。沈文季可左仆射,江祏可右仆射,江祀可侍中,刘暄可卫尉。军政可委陈太尉。内外众事,无大小委徐孝嗣、遥光、坦之、江祏,其大事与沈文季、江祀、刘暄参怀。心膂之任可委刘悛、萧惠休、崔慧景。』太子即位。

八月,葬明皇帝于兴安陵,庙号高宗。东昏侯恶灵在太极殿,欲速葬,徐孝嗣固争,得逾月。帝每当哭,辄云喉痛。太中大夫羊阐入临,无发,号恸俯仰,帻遂脱地,帝辍哭大笑,谓左右曰:『秃鹙①啼来乎!』

帝自在东宫,不好学,唯嬉戏无度;性重涩少言。及即位,不与朝士相接,专亲信宦官及左右御刀、应敕等。

注释 ①秃鹙:一种鸟。

译文 齐明帝永泰元年(四九八年)七月己酉(三十日),明帝死在正福殿。遗诏上说:『以前我让徐孝嗣开府仪同三司,他没答应,现在可以再去请他上任。

沈文季让他做左仆射,江祏任右仆射,江祀任侍中,刘暄任卫尉。军政大事都交给陈显达。别的杂事就让徐孝嗣、萧遥光、萧坦之、江祏他们办,再有大事可问沈文季、江祀、刘暄。特别重要的大事就让刘悛、萧惠休、崔慧景办理。』太子萧宝卷即皇帝位。

八月,葬明帝于兴安陵,庙号高宗。东昏侯萧宝卷不愿意把他爹的灵柩放在太极殿,想赶紧埋了算了。可是徐孝嗣不同意,结果还是放了一个月。萧宝卷每次哭丧都说嗓子疼,不想哭。太中大夫羊阐是个秃子,他哭的时候,萧宝卷笑得前仰后合说:『秃鹙哭了。』

萧宝卷当太子时就不好好学习,整天就知道玩,而且不爱说话。当了皇帝以后,他不跟群臣来往,专门宠幸宦官这些侍从们。

是时(永元元年八月),扬州刺史始安王遥光、尚书令徐孝嗣、右仆射江祏、右将军萧坦之、侍中江祀、卫尉刘暄更直内省,分日帖敕。雍州刺史萧衍闻之,谓从舅录事参军范阳张弘策曰:『一国三公犹不堪,况六贵同朝,势必相图,乱将作矣。避祸图福,无如此州。但诸弟在都,恐罹世患。当更与益州图之耳。』乃密与弘策修武备,他人皆不得预谋;招聚骁勇以万数,多伐

材竹，沉之檀溪，积茅如冈阜，皆不之用。中兵参军东平吕僧珍觉其意，亦私具橹数百张。

初，高宗虽顾命群公，而多寄腹心在江祏兄弟。二江更直殿内，动止关之。帝稍欲行意，徐孝嗣不能夺，萧坦之时有异同，而祏执制坚确；帝深忿之。帝左右会稽茹法珍、吴兴梅虫儿等，为帝所委任，祏常裁折之；法珍等切齿。

帝失德浸彰，祏议废帝，立江夏王宝玄。刘暄尝为宝玄郢州行事，执事过刻。有人献马，宝玄欲观之，暄曰：『马何用观！』妃索煮肫①，帐下咨暄，暄曰：『旦已煮鹅，不烦复此。』宝玄恚曰：『舅殊无渭阳情。』暄由是忌宝玄，不同祏议，更欲立建安王宝寅。祏密谋于始安王遥光，遥光自以年长，欲自取，以微旨动祏。祏弟祀亦以少主难保，劝祏立遥光。祏意回惑，以问萧坦之，谓祏曰：『明帝立，已非次，天下至今不服。若复为此，恐四方瓦解，我期不敢言耳。』

暄以遥光若立，己失舅之尊，不肯同祏议；故祏迟疑久不决；遥光大怒，遣左右黄昙庆刺暄于青溪桥。昙庆见暄部伍多，不敢发；暄觉之，遂发祏谋，帝命收祏兄弟。刘暄闻祏等死，眠中大惊，投出户外，问左右：『收至未？』良久，意定，还坐，大悲曰：『不念江，行自痛也！』

资治通鉴

注释 ①肫：鸟藏曰肫。

译文 东昏侯永元元年（四九九年）八月，这时，扬州刺史始安王萧遥光、尚书令徐孝嗣、右仆射江祏、右将军萧坦之、侍中江祀、卫尉刘暄等六个人轮留在朝中内省值班，到谁谁就在当天敕令后面签署意见。雍州刺史萧衍知道了这一情况之后，对他的担任录事参军的堂舅，范阳人张弘策说：『一个国家有三公已经够乱的了，现在再来个六贵，时间长了他们肯定要造反，要说避祸，哪也比不上这几个州，不过我几个弟弟都在京城，要是动乱起来恐怕就得遭殃，所以我想跟我哥哥益州刺史萧懿商量商量。』于是，萧衍秘密地与张弘策加强武备，其他人则一律不得参与。又招集会聚骁勇之夫上万人，大量砍伐树木、竹子，沉于檀溪之中，茅草堆积得如山冈一般，然而都不使用。中兵参军东平人吕僧珍看出萧衍的意思，也私下准备了几百张船橹。

起初，齐明帝是将大权委任给诸位大臣，可其实心里还是信任江氏两兄弟。所以萧宝卷即位后，江氏两兄弟便轮流到殿内值班，皇帝一举一动都要禀报他们。萧宝卷时间一长也想独断独行，徐孝嗣阻止不了，萧坦之有时也表示不同意，而江祏坚决限制，不允许他自作主张，萧宝卷对此怀恨在心。萧宝卷左右心腹有会稽人茹法珍、吴兴人梅虫儿等，受主上委任办理一些事，江祏常常对他们加以控制，致使茹法珍等对江祏怀恨在心。

东昏侯不施德政，江祏建议废黜他，立江夏王萧宝玄为帝。刘暄以前在萧宝玄手下郢州任命，处理事情比较死板。有人向萧宝玄献了一匹马，萧宝玄想去观看一下，刘暄不准许他去，并说：『一匹马，有什么值得看呢？』萧宝玄的妃子要吃煮鸡肫，手下的人向刘暄请示，他却说：『早上已经吃了煮鹅，不必再麻烦做这个了。』气得萧宝玄骂道：『刘暄根本没有一点舅舅的情义了。』从此，刘暄就对萧宝玄怀恨在心，于是不同意江祏的计策，想立建安王萧宝寅为帝。江祏与始安王萧遥光秘密计谋，可是萧遥光自以为年长，想自己取而代之，把这个意思隐约地向江祏表示了。江祏的弟弟也认为年幼的皇帝难以保得住，就劝说江祏立萧遥光为帝。江祏一时也拿不定主意，就去同萧坦之商量，萧坦之当时正为其母守丧，仍让他担任领军将军。萧坦之对江祏说：『明帝自立为帝，本来就没有什么长幼顺序，况且现在天下人都不服气，再来一次，恐怕就要天下大乱了，我对此是不敢有意见。』

刘暄觉得萧遥光要是称帝，他就当不成皇舅了，所以他不赞成江祏。江祏也为此不决。因此，萧遥光大怒，遣手下黄昙庆于青溪桥刺杀刘暄。黄昙庆因见刘暄部下众多，不敢前去。刘暄察觉此事，告发其阴谋。东昏侯密令逮捕江祏兄弟二人。刘暄闻江祏等已死，大惊而从榻上起，奔出门外，问左右：『抓我的人来了没有？』许久才安心，回到屋里，悲痛着说：『我不是怀念江兄弟啊，我是哭我自己马上要大祸临头了。』

帝自是无所忌惮，益得自恣，日夜与近习于后堂鼓叫戏马。常以五更就寝，至晡乃起。群臣节、朔朝见①，晡后方前，或际暗遣出。台阁案奏，月数十日乃报，或不知所在；宦者以裹鱼肉还家，并是五省②黄案。

江祏等既败，帝左右捉刀、应敕之徒皆恣横用事，时人谓之『刀敕』。遥光死二十余日，帝遣延明主帅黄文济将兵围坦之宅，杀之，并其子秘书郎赏。坦之从兄翼宗为海陵太守，未发，坦之谓文济曰：『从兄海陵宅故应无他。』文济曰：『海陵宅在何处？』坦之以告。文济白帝，帝仍遣收之；检其家，至贫，唯有质钱帖③数百，还以启帝，原其

死，系尚方。

初，高宗殂，以隆昌事戒帝曰：『作事不可在人后。』故帝数与近习谋诛大臣，皆发于仓猝，决意无疑。于是大臣人人莫能自保。

枝江文忠公徐孝嗣，以文士不显同异，故名位虽重，犹得久存。虎贲中郎将许准为孝嗣陈说事机，劝行废立。孝嗣持疑久之，谓必无用干戈之理；须帝出游，闭城门，召百官集议废之，虽有此怀，终不能决。（永元元年）冬，十月，乙未，帝召孝嗣、文季、昭略入华林省。文季登车，顾曰：『此行恐往而不反。』帝使外监茹法珍赐以药酒，昭略怒，骂孝嗣曰：『废昏立明，古今令典；宰相无才，致有今日！』以瓯④掷其面曰：『使作破面鬼！』孝嗣饮药酒至斗余，乃卒。

初，太尉陈显达自以高、武旧将，当高宗之世，内怀危惧，深自贬损，常乘朽弊车，道从卤簿止用羸小者十数人。显达以年礼告退⑤，高宗不许。及帝即位，显达弥不乐在建康，得江州，甚喜。闻帝屡诛大臣，传云当遣兵袭江州，十一月，丙辰，显达举兵于寻阳。（十二月）乙酉，显达以数千人登落星冈，新亭诸军闻之，奔还，宫城大骇，闭门设守。显达执马槊，从步兵数百，于西州前与台军战。台军继至，显达不能抗，退走，至西州后，骑官赵潭注刺显达坠马，斩之，诸子皆伏诛。

注释 ①节、朔朝见：每月朔旦，每月节。②五省：尚书五省。③质钱帖：以物换钱。④瓯：小盆。⑤以年礼告退：大夫七十所行之礼。

译文 自从把江祏杀了，东昏侯就更加无法无天，天天跟亲信饮酒作乐，夜里五更天才睡，一直睡到傍晚，群臣有想晋见的，得一直等到傍晚，有时天黑了，东昏侯还不出来，群臣只好回去。尚书们文案奏告，一个月或更长时间才能得以上报，而报后又无音讯。因为宦官拿这些包裹偷来的鱼肉回家了。

江祏这些人失败以后，东昏侯这帮亲信侍从全都骄横起来，肆无忌惮，当时人们就叫他们刀敕。萧坦之刚愎自用，凶狠残忍，专横独断，东昏侯周围的宠信之徒们因害怕而特别憎恨他，在萧遥光死后二十多天，东昏侯派遣延明殿主帅黄文济率兵包围了萧坦之的住宅，将其杀掉，他的儿子秘书郎萧赏也一起被杀。萧坦之的堂兄萧翼宗做海陵太守，还没有去赴任，萧坦之对黄文济说：『我的堂兄在海陵的府中不应该有什么事吧？』黄文济说：『他住的地方在哪？』萧坦之告诉他。黄文济再告诉东昏侯，东昏侯就派黄文济去抓他。黄文济去搜萧翼宗的家，发现他穷得掉渣，只能靠当东西来换点钱，于是就告诉了东昏侯。东昏侯免他死罪，但是囚禁在尚方署中。

起初，明帝死前，拿郁林王（年号隆昌）办事不决的事儿告诉东昏侯：『做事要果决。』故东昏侯屡次密谋诛杀大臣，没有半点迟疑。于是，大臣们人人自危，难以自保。

枝江文忠公徐孝嗣也是个文士，接人待物非常圆滑，所以高官厚禄还能自保。虎贲中郎将许准给徐孝嗣讲述时事要害，劝说他废去东昏侯，另立新帝。徐孝嗣迟疑了很久难决，以为欲行此事一定不能动用干戈，必须是等待皇帝出游的机会，关闭城门，召集群臣百官在一起商议，把东昏侯废掉。他虽然有此想法，但是终究不能决策而行。冬季，十月，乙未（二十三日），东昏侯把徐孝嗣、沈文季、沈昭略三人召进华林省，沈文季上了车子，回头说：『这次恐怕是回不来了。』东昏侯让外监茹法珍赐其毒酒。沈昭略愤怒不已，骂徐孝嗣说：『废掉昏君，另立明主。这是从古到今的宪章大法，全因你这做宰相的无能，以致我们才有今日。』然后把酒泼在徐孝嗣脸上说：『我让你死也做个破相鬼。』徐孝嗣喝下毒酒，喝了一斗多才死。

当初，太尉陈显达觉得自己是个叛将，所以平日里不露声色，经常坐个小破车，随从也是寒碜的十几个人。陈显达以自己年届七十辞官，明帝不允。至东昏侯即位，陈显达不愿居于建康，便做江州刺史，陈喜。陈显达知道东昏侯屡次诛杀大臣，且闻朝廷必遣兵袭击江州，故于十一月，丙辰（十五日），陈显达于浔阳起兵。十二月乙酉（十四日），陈显达带着千余人登上落星冈，驻扎在新亭的驻军闻之，向后撤退，宫中人人惊慌，只好闭门自守。陈显达骑马执槊，领几名步兵，与朝廷军开战。这会，朝廷大军开至，陈显达不敌逃跑。逃到了西州被骑官赵潭刺死，陈显达落马，被赵潭斩首。陈显达之子也被斩。

点评 郁林王欲杀高宗，持疑不发以及祸，高宗以是而戒帝，自谓密矣；而非所以贻谋燕翼子也。（胡三省）

资治通鉴

第八章

梁纪

侯景之乱

（太清元年正月）丙午，东魏勃海献武王欢卒。世子澄秘不发丧，唯行台左丞陈元康知之。侯景自念己与高氏有隙，内不自安。辛亥，据河南叛，归于魏。（澄）遣司空韩轨督诸军讨景。（五月）韩轨等围侯景于颍川。景惧，割东荆、北兖州、鲁阳、长社四城赂魏以求救。丞相泰闻之，加景大将军兼尚书令，遣太尉李弼、仪同三司赵贵将兵一万赴颍川。

（六月）景复乞兵于魏，丞相泰使同轨①防主韦法保及都督贺兰愿德等将兵助之。大行台左丞蓝田王悦言于泰曰：『侯景之于高欢，始敦乡党之情，终定君臣之契，任居上将，位重台司。今欢始死，景遽外叛，盖所图甚大，终不为人下故也。且彼能背德于高氏，岂肯尽节于朝廷？』泰乃召景入朝。景果辞不入朝。泰乃遣行台郎中赵士宪悉召前后所遣诸军援景者。景遂决意来降。

太清二年，春，正月，己亥，慕容绍宗以铁骑五千夹击侯景。景士卒不乐南渡，其将暴显等各率所部降于绍宗。景众大溃。甲寅，景遣仪同三司于子悦驰以败闻，并自求贬削。优诏不许。

二月，东魏既得悬瓠、项城，悉复旧境。大将军澄数遣书移，复求通好，朝廷未之许。澄谓贞阳侯渊明曰：『先王与梁主和好，十有余年。不谓一朝失信，致此纷扰，知非梁主本心，当是侯景扇动耳，宜遣使谘论。若梁主不忘旧好，吾亦不敢违先王之意，诸人并即遣还，侯景家属亦当同遣。』渊明乃遣省事夏侯僧辩奉启于上，称『勃海王弘厚长者，若更通好，当听渊明还』。上得启，流涕，与朝臣议之。右卫将军朱异、御史中丞张绾等皆曰：『静寇息民，和实为

使。』司农卿傅岐独曰：『高澄何事须和？必是设间，故命贞阳遣使，欲令侯景自疑；景意不安，必图祸乱。若许通好，正堕其计中。』异等固执宜和，上亦厌用兵，乃从异言。

上既与东魏和亲，是后景表疏稍稍悖慢。又闻徐陵等使魏，反谋益甚。临贺王正德，所至贪暴不法，屡得罪于上，由是愤恨，阴养死士，储米积货，幸国家有变；景知之。正德在北与徐思玉相知，景遣思玉致笺于正德曰：『今天子年尊，奸臣乱国，以景观之，计日祸败。大王属当储贰，中被废黜，四海业业，归心大王。景虽不敏，实思自效，愿王允副苍生，鉴斯诚款！』正德大喜，报之曰：『朝廷之事，如公所言。仆之有心，为日久矣。今仆为其内，公为其外，何有不济！机事在速，今其时矣。』

（八月）戊戌，景反于寿阳，以诛中领军朱异、少府卿徐驎、太子右卫率陆验、制局监周石珍为名。上闻之，笑曰：『是何能为！吾折棰笞之。』敕购斩景者，封三千户公，除州刺史。甲辰，诏以合州刺史鄱阳王范为南道都督，北徐州刺史封山侯正表为北道都督，司州刺史柳仲礼为西道都督，通直散骑常侍裴之高为东道都督，以侍中开府仪同三司邵陵王纶持节董督众军以讨景。

（九月）景乃留外弟中军大都督王显贵守寿阳。

冬，十月，庚寅，景扬声趣合肥，而实袭谯州，助防董绍先开城降之。戊申，以临贺王正德为平北将军，都督京师诸军事，屯丹杨郡。正德遣大船数十艘，诈称载荻，密以济景。己酉，自横江济于采石，有马数百匹，兵八千人。朝廷犹不知临贺王正德之情，命正德屯朱雀门，宁国公大临屯新亭，大府卿韦黯屯六门。缮修宫城，为受敌之备。

庚戌，侯景至板桥。百姓闻景至，竞入城，公私混乱，无复次第。是时，梁兴四十七年，境内无事，公卿在位及闾里士大夫罕见兵甲，贼至猝迫，公私骇震。宿将已尽，后进少年并出在外，军旅指㧑，一决于侃。

注释 ①同轨：河南宜阳县。

译文 梁武帝太清元年（五四七年）正月丙午（初八），东魏勃海献武王高欢去世。长子高澄秘不发丧，这事只有行台左丞陈元康知道。侯景一想自己与高家有隔阂，心里便不安起来。辛亥（十三日），侯景依据河南而反叛东魏，归属了西魏。高澄派遣了司空韩轨督率各路军队去讨伐侯景。韩轨等人率军把侯景包围在颍川。侯景见这种状况，害怕了，便把东荆、北兖州、鲁阳、长社四座城割让给了西魏，用此来贿赂西魏，以便取得其援救。西魏丞相宇文泰知道此事，便封侯景为大将军兼尚书令，遣太尉李弼、仪同三司赵贵领兵一万奔赴颍川解侯景之围。

六月，侯景向西魏求援。丞相宇文泰让同轨郡防主韦法保及都督贺兰愿德领军相援。大行台左丞蓝田人王悦对宇文泰说：『侯景同高欢之间，开始是亲密的乡党关系，最终变成了君臣关系，侯景位居上将，权倾朝廷；现如今高欢刚死，侯景就反叛，可见这个人图谋已久，不甘于人下。况且他能对高氏背信弃义，又怎么会为本朝尽忠尽节呢？』于是宇文泰便派人召侯景入朝。侯景果然不肯入朝。宇文泰命行台郎中赵士宪将发往侯景处援军召回，侯景归顺梁朝。

太清二年（五四八年）春季，正月，己亥（初七），东魏慕容绍宗带了五千兵夹攻侯景军。侯景士兵不肯南渡，其将暴显等自率部队归降慕容绍宗。侯景人马溃败。甲寅（二十二日），侯景派仪同三司于子悦回到建康，告诉朝廷战败之事，并请求革职，梁武帝未允。

东魏攻克悬瓠、项城后，已经恢复以前的土地。大将军高澄多次表奏国书，盼望与梁修好，朝廷不允许。高澄对贞阳侯萧渊明说：『先王与梁主和睦相处有十多年了。这是梁主的真情厚意，没想到一朝失信，竟导致如此纷乱。我知道这并不是梁主的本意，一定是侯景煽动罢了。我们应该派遣使者去商讨一下，如果梁主没有忘记旧日两国之间的友好关系，我也不敢违背先王的意愿与梁朝为敌。我会立即遣返留在北方的人，侯景的家属也会同时得到遣返。』萧渊明于是让夏侯僧辩对梁武帝递交奏折说：『勃海王高澄真是大度啊，一个厚道的长者，要是梁朝与东魏能重修于好，高澄肯定会让我回

梁朝的。』梁武帝看到萧渊明的启奏后，流下了眼泪。便与朝中大臣们共同商议此事。右卫将军朱异、御史中丞张绾等人都说：『平息敌寇，安息百姓，讲和对于我们来说确实很好。』只有司农卿傅岐认为：『高澄为什么要和我们讲和？这一定是他设下的离间计，之所以让贞阳侯萧渊明派来使者，目的是想让侯景自己产生猜疑。侯景的心神不定，心里不安宁，就一定会图谋叛乱引起灾祸。如果您答应与东魏友好往来，就正好堕入了高澄的圈套，中了他的奸计。』朱异等坚决主张与东魏和好，正好梁武帝也厌倦了战争，就听从了他的意见。

梁武帝既与东魏和亲，从此往后，侯景再写奏折的态度就有些傲慢了。后来他听说徐陵出使东魏了，心头便起了反叛之心。临贺王萧正德，无论到哪里都贪婪残暴，不遵守法令，多次受到梁武帝的怪罪。因此萧正德心里对梁武帝十分愤恨。他暗中豢养一批肯为他效忠的敢死之人，储存粮食，积攒财物，希望他家发生意外事变。侯景知道萧正德的心意。萧正德在北方时与徐思玉是知己，侯景于是便派徐思玉给萧正德送去了一封书信。信上说：『现在天子年纪大了，朝中奸臣当道，梁朝我看也没有多少好日子了。大王你实际上才是君主继承人，可是中途被废了，四海人心却都在您这里。我侯景愚笨，却实在想为您效劳，希望您答应百姓要求，我的诚心天地可鉴。』萧正德喜形于色地说：『侯公的心愿，正好与我相同，这真是天授我也！』于是给侯景回信说：『朝廷中的事，正如你所讲的那样，我有这个打算已很久了。今天，我在朝内，你在朝外，我俩相互照应，定能成功！事不宜迟，现在正是大好时机。』

八月戊戌（初十），侯景在寿阳反叛，他以杀掉领军朱异、少府卿徐骥、太子右卫率陆验、制局监周石珍为由反叛梁朝。梁武帝听说此事，笑道：『这些人能做什么？我折一根木棍就能打败他。』梁武帝下令悬赏杀侯景者，成功者封三千户公并授州刺史之职。甲辰（十六日），梁武帝诏任合州刺史鄱阳王萧范为南道都督，北徐州刺史封山侯萧正表为北道都督，司州刺史柳仲礼为西道都督，通直散骑常侍裴之高为东道都督，侍中开府仪同三司、邵陵王萧纶持节督率各路人马讨伐侯景。

九月，侯景让他弟弟中军大都督王显贵守卫寿阳城。冬季十月，庚寅（初三），侯景说要打合肥，却突袭谯州，谯州助防董绍先开城门归降侯景。戊申（二十一日），梁武帝任临贺王萧正德平北将军，监督京师诸军事，驻军丹杨。萧正德遣几十艘大船，谎称运

送芦苇，暗中搭载侯景过江。己酉（二十二日），侯景到达采石，一共有一百匹马八千人。朝廷还不知道萧正德的情况，让他把守朱雀门，宁国公萧大临把守新亭，大府卿韦黯把守六门。修缮宫城，做好迎敌准备。

庚戌（二十三日），侯景抵达板桥。百姓听说他来了，都争着逃进城里，百姓与官吏混为一团，没有秩序。是年，乃梁朝建国第四十七年，国内太平无事，在职公卿及闾里士大夫很少见到兵戈。这会叛贼忽然来临，官员百姓震惊，朝中已经没有老将，后来升任的将军们都在远方戍边，大军全由羊侃一人掌权。

点评 史言西魏多智士，宇文泰能用善谋，侯景之奸诈不得逞，而其祸移于梁矣。侯景之反复，何敬容、萧介知之；澄之奸诈，傅岐知之。梁朝非果无人也，武帝不能决择而用之耳。君骄昏而臣贪昧，祸至不惧，以自取败亡。（胡三省）

（十月）辛亥，景至朱雀桁南，太子以临贺王正德守宣阳门，东宫学士新野庾信守朱雀门。俄而景至，信率众开桁。南塘游军沈子睦，临贺王正德之党也，复闭桁渡景。正德率众于张侯桥迎景，随景渡淮。景乘胜至阙下，城中恟惧，羊侃诈称得射书云：『邵陵王、西昌侯援兵已至近路。』众乃小安。西丰公大春弃石头，奔京口；谢禧、元贞弃白下走；津主彭文粲等以石头城降景，景遣其仪同三司于子悦守之。

景绕城既匝[1]，百道俱攻，鸣鼓吹唇，喧声震地。景攻既不克，士卒死伤多，乃筑长围以绝内外，又启求诛朱异等。城中亦射赏格出外曰：『有能送景首者，授以景位，并钱一亿万，布绢百万匹。』

（十一月）临贺王正德即帝位于仪贤堂，以景为丞相，妻以女，并出家之宝货悉助军费。于是景营于阙前，分其兵二千人攻东府。南浦侯推拒之，三日，不克。景自往攻之，矢石雨下，宣城王防阁许伯众潜引景众登城。辛酉，克之；杀南浦侯推及城中战士三千人，载其尸聚于杜姥宅，遥语城中人曰：『若不早降，正当如此！』

景初至建康，谓朝夕可拔，号令严整，士卒不敢侵暴。及屡攻不克，人心离沮。景恐援兵四集，一旦溃去；又食石头常平诸仓既尽，军中乏食；乃纵士卒掠夺民米及金帛子女。

己巳，湘东王绎遣司马吴晔、天门太守樊文皎等将兵发江陵。邵陵王纶行至钟离，闻侯景已渡采石，纶

昼夜兼道，旋军入援，济江，中流风起，人马溺者什一二。遂率宁远将军西丰公大春、新涂公大成、永安侯确、安南侯骏、前谯州刺史赵伯超、武州刺史萧弄璋等，步骑三万自京口西上。

湘东王绎遣世子方等将步骑一万入援建康，（十二月）庚子，发公安。绎又遣竟陵太守王僧辩将舟师万人，出自汉川，载粮东下。湘东王绎将锐卒三万发江陵。留其子绥宁侯方诸居守。（太清三年正月）甲子，湘东世子方等及王僧辩军至。

仲礼神情傲狠，陵蔑诸将，邵陵王纶每日执鞭②至门，亦移时弗见，由是与纶及临城公大连深相仇怨。大连又与永安侯确有隙，诸军互相猜阻，莫有战心。援军初至，建康士民扶老携幼以侯之，才过淮，即纵兵剽掠。由是士民失望。

注释 ①匝：周。②执鞭：拿着鞭子见主帅的礼仪。

译文 十月辛亥（二十四日），侯景在朱雀门浮桥南，太子命临贺王萧正德镇守宣阳门，命东宫学士新野人庾信把守朱雀门。侯景部队一来，庾信马上断浮桥。南塘游军沈子睦乃临贺王萧正德同党，趁机闭合浮桥，让侯景渡河。萧正德领人马在张侯桥迎接侯景，随侯景渡秦淮河。侯景乘胜追击，城里人惊慌，羊侃假装得到一封书信说：『邵陵王和西昌侯援兵已经到附近了。』形势才稍稍缓解。西丰公萧大春丢弃石头，逃奔京口；谢禧、元贞等弃部逃跑；津主彭文粲等率石头城军民投降侯景，侯景遣其仪同三司于子悦镇守石头城。

侯景围城号角震天。攻城失败，死伤增多，于是在外面筑墙把内城隔开，同时奏报梁武帝杀掉朱异。皇城内向外射出赏格：『能斩侯景首级者，赐与其同等爵位，赐一亿万钱，一万匹布，一万匹绢。』

临贺王萧正德在仪贤堂即位，任侯景为丞相，将女儿嫁给侯景，把宝物拿出资助军用。于是，侯景在皇城前安营扎寨，分兵两千攻打东府。南浦侯萧推带兵抵抗侯景，侯景的部队进攻了三天，没有攻克东府。侯景带人攻打东府，箭支和石块雨点一样落在城里，宣城王防阁许伯众暗中诱使侯景军登上城墙。辛酉（初四），攻克了东府。侯景杀了南浦侯萧推以及守城将士三千，把他们尸体用车拉到杜姥宅堆在门口，从远处向里面喊：『不投降就是这下场。』

侯景原本觉得攻下建康是很快的事，所以他的军纪严明，让士兵不得侵扰百姓。等到多次攻打建康城都没有攻克时，人心开始离散，沮丧。侯景担心救援建康的军队从四面八方汇集到这里，迟早会有溃退的一天。另外，由于石头城备用粮仓的粮食已经吃完了，军队缺乏食物。侯景便纵容士兵掠夺百姓钱粮财物及其儿女。

己巳（十三日），湘东王萧绎派司马吴晔、天门太守樊文皎等领兵出江陵。邵陵王萧纶到了钟离，听说侯景已经渡过长江了，便日夜兼程，回建康援救朝廷。渡过长江时，船到了江中心却刮起风来，落入水里淹死的人、马有十分之一二。于是，萧纶率领宁远将军西丰公萧大春、新涂公萧大成、永安侯萧确、安南侯萧骏、前谯州刺史赵伯超、武州刺史萧弄璋等外加三万步兵、骑兵从京口向西进军。

湘东王萧绎派他的大儿子萧方带着一万步兵和骑兵到建康来救援，庚子（十四日），援兵从公安出发。萧绎又派遣竟陵太守王僧辩率领一万名水军，从汉川出发，用船运载粮食顺水东下。湘东王萧绎率领三万名精锐的士兵从江陵出发，让他的儿子绥宁侯萧方诸留守江陵。梁武帝太清三年（五四九年）正月甲子（初八），湘东王直系大儿子萧方和王僧辩部队抵达。

柳仲礼总给人一种狠毒相，平常也老爱欺负别的将领，邵陵王萧纶按着部将求见主帅的礼节，每天拿鞭子到他门口，他还好长时间不见。由于这一点，他与萧纶以及临城公萧大连结下了深深的仇怨。萧大连又和永安侯萧确有矛盾，这些部队之间互相猜疑，给对方设置障碍，都没有打仗的心思。援军刚到时，建康老百姓纷纷扶老携幼出来，可部队刚过秦淮河，老百姓们又被抢劫。于是，他们很失望。

点评 卢循之乱，刘裕冒风济江而风止。侯景之乱，纶济江而风起，岂天之欲亡梁邪！是以善观人之国者，必观之天人佑助之际也。（胡三省）

临贺王记室吴郡顾野王起兵讨侯景，二月，己丑，引兵来至。初，台城之闭也，公卿以食为念，男女贵贱并出负米，得四十万斛，收诸府藏钱帛五十万亿，并聚德阳堂，而不备薪刍、鱼盐。至是，坏尚书省为薪。撤荐，剉以饲马，荐尽，又食以饭。军士无膎①，或煮铠、熏鼠、捕雀而食之。御甘露厨②有干苔，味酸咸，分给战士。军人屠马于殿省间，杂以人肉，食者必病，侯景众亦饥，抄掠无所获；东城有米，可支一年，援军断其路。

又闻荆州兵将至，景甚患之。王伟曰：『今台城不可猝拔，援兵日盛，吾军乏食，若伪求和以缓其势，东城之米，足支一年，因求和之际，运米入石头，援军必不得动，然后休士息马，缮修器械，伺其懈怠击

之，一举可取也。』景从之，遣其将任约、于子悦至城下，拜表求和，乞复先镇。景乞割江右四州之地，并求宣城王大器出送，然后济江。中领军傅岐固争曰：『岂有贼举兵围宫阙而更与之和乎？此特欲却援军耳。戎狄兽心，必不可信。且宣城嫡嗣之重，国命所系，岂可为质？』上乃以大器之弟石城公大款为侍中，出质于景，又敕诸军不得复进。己亥，设坛于西华门外，遣仆射王克、上甲侯韶、吏部郎萧瑳与于子悦、任约、王伟登坛共盟。太子詹事柳津出西华门，景出栅门，遥相对，更杀牲歃血为盟。既盟，而景长围不解，专修铠仗，托云『无船，不得即发』，又云『恐南军③见蹙』，遣石城公还台，求宣城王出送；邀求稍广，了无去志。

侯景运东府米入石头，既毕，王伟闻荆州军退，援军虽多，不相统壹，乃说景曰：『王以人臣举兵，围守宫阙，逼辱妃主，残秽宗庙，擢王之发，不足数罪。今日持此，欲安所容身乎！背盟而捷，自古多矣，愿且观其变。』临贺王正德亦谓景曰：『大功垂就，岂可弃去！』景遂上启，陈帝十失。

上览启，且惭且怒。三月，丙辰朔，立坛于太极殿前，告天地，以景违盟，举烽鼓噪。初，闭城之日，男女十余万，擐甲者二万余人；被围既久，人多身肿气急，死者什八九，乘城者不满四千人，率皆羸喘。而众心犹望外援。柳仲礼惟聚妓妾，置酒作乐，诸将日往请战，仲礼不许。柳津登城谓仲礼曰：『汝君父在难，不能竭力，百世之后，谓汝为何？』仲礼亦不以为意。上问策于津，对曰：『陛下有邵陵，臣有仲礼，不忠不孝，贼何由平？』

于是景决石阙前水，百道攻城，昼夜不息。邵陵世子坚屯太阳门，终日蒲饮，不恤吏士，其书佐董勋、熊昙朗恨之。丁卯，夜向晓，勋、昙朗于城西北楼引景众登城，永安侯确力战，不能却，乃排闼入启上云：『城已陷。』上安卧不动，曰：『犹可一战乎？』确曰：『不可。』上叹曰：『自我得之，自我失之，亦复何恨！』因谓确曰：『汝速去，语汝父：勿以二宫为念。』因使慰劳在外诸军。

景入见于太极东堂，以甲士五百人自卫。景稽颡殿下，典仪④引就三公榻。上神色不变，问曰：『卿在军中日久，无乃为劳！』景不敢仰视，汗流被面。又曰：『卿何州人，而敢至此，妻子犹在北邪？』景皆不能对。任约从旁代对曰：『臣景妻子皆为高氏所屠，惟以一身归陛下。』上又问：『初渡江有

几人？』景曰：『千人。』『围台城几人？』曰：『十万。』『今有几人？』曰：『率土之内，莫非己有。』上俯首不言。

五月，丙辰，上卧净居殿，遂殂，年八十六。辛巳，发高祖丧，升梓宫于太极殿。是日，太子即皇帝位。大赦，侯景出屯朝堂，分兵守卫。

注释 ①膎：脯。②甘露厨：营膳。③南军：秦淮南岸之军。④典仪：仪者。

译文 南梁临贺王记室，吴郡人顾野王拉起队伍讨伐侯景，二月，己丑（初三），顾野王率部入城。当初，台城关闭城门的时候，公卿们将粮食问题记在自己的心上，男的、女的、尊贵的、低贱的都出来背米，一共得到四十万斛粮食，同时还收集了各个府第贮藏的钱和帛达五十万亿，将它们全都集中在德阳堂，但是他们并没有储备柴禾、牲口草料，以及鱼、盐。到现在，只好拆除尚书省建筑将木料压碎了喂马，席子都没了，只能拿米饭喂了。士兵们没有肉吃，就有什么吃什么，有人吃皮带，有人烤老鼠，有人吃小鸟，什么都吃。皇室的厨房里有一种干的海苔，味道又酸又咸，不得已只好拿出来分给战士。军人们在皇宫与各省的办公地点之间杀马，煮的马肉中还夹杂着人肉，吃过的人无不得病。侯景的部队也很饥饿，四处搜寻掠夺，没有取得什么收获。东府城有不少大米，能让部队吃一年，可是路被切断了。

侯景又听说荆州的部队快要来了，心里有点虚。王伟说：『现在来看，台城是一时半会儿打不下来了，而且对方实力越来越强，我们这又没粮食，要是我们假装求和的话，可能还能缓解一些势头。东府城的大米我们够吃一年，趁着求和，我们把大米运进来，援军一定不敢行动，等我们修整好了，再想方设法收拾他们，这样一下子就把台城攻下来了。』侯景接受了他的建议，派遣手下的将领任约、于子悦来到台城下面，恭敬地递上文书求和，请皇上允许他去恢复原先镇守的失地。侯景乞求朝廷割让长江西面的四个州给他，又表示得让宣城王萧大器出来相送，然后他才渡过长江。中领军傅岐态度坚决地说：『哪有人家来包围宫殿，我们还要跟人家媾和的道理？现在侯景是想让援军撤走，这家伙人面兽心，绝对不能相信。况且宣城王是皇上直系后裔，地位显著，国家命运都掌握在他手里，怎能叫他去当人质？』梁武帝于是便任命萧大器的弟弟，石城公萧大款为侍中，派他去侯景部做人质。他又命令各路援军一律不得再前进。己亥（十三日），梁武帝在西华门外设立神坛，派遣仆射王克、上甲侯萧韶、吏部郎萧瑳与于子

悦、任约、王伟一同登上神坛订立盟约。太子詹事柳津来到西华门外，侯景则来到栅门外，遥遥相对，双方再屠宰牲畜，口中含血，订立盟誓。盟约订立以后，侯景却很久不解除原来的包围，集中精力专门修缮铠甲与兵器，还找借口说：『没有船只，不能立即出发。』又说：『我怕秦淮河南岸那些援军追击我们。』他叫石城公回台城，要宣城王出来相送，提的要求越来越多，就是没走的意思。

侯景将东府大米送到石头城，事情办好后，王伟听说荆州兵已经撤了，援军数量虽然不少，可是统一不起来，于是就劝侯景：『大王你既然以臣子的身份发兵，现在包围了皇宫，逼死了嫔妃，宗庙都砸了，这罪过就是给你毛拔光也数不清，都到今天了，你还想找个平安的地方过日子？背信弃义这种事古来就有不少，我希望您暂且观察局势，以待其变。』临贺王萧正德也对侯景说：『大功眼看就要告成，怎么可以放弃呢？』侯景于是上书梁武帝，陈述梁武帝的十大过失。

梁武帝看了这文书，又羞又怒。三月，丙辰朔（初一），他叫人在太极殿立祭坛，昭告天地，以侯景违盟为由，举起烽火呐喊，继续与侯景决斗。当初，城门关闭的时候，城里有男男女女十几万人，披盔带甲的将士有两万多人。被围困的时间一长，大多数人身体浮肿，气喘吁吁，十个人中有八九个死亡，登上城墙的不满四千人，他们都瘦弱不堪。大家都寄希望于援军，柳仲礼只知道嫖娼饮酒，天天不干正事，将领们找他请战，没有答应的时候。柳津登上城楼对柳仲礼说：『你的君王与父亲正在受难，而你却不能竭尽全力救援，百世以后，人们将会把你说成什么人？』柳仲礼听了也不在意。梁武帝向柳津问计，柳津说：『陛下您瞧瞧咱们这乖儿子，有这种不忠不孝的儿子，还能平定叛贼？』

侯景于是挖开玄武湖，把里面水引出来灌城，从各门攻城，昼夜不停。邵陵王嫡长子萧坚守太阳门，终日不是饮酒就是赌博，一点都不体谅手下人疾苦。他的书佐董勋、熊昙朗都恨透他了。丁卯（十二日），下半夜临近拂晓的时候，董勋、熊昙朗从台城的西北楼引导侯景的人马攀登上来，永安侯萧确奋力拼搏，不能打退敌人，就推开宫中的小门启禀梁武帝道：『台城已经陷落了。』梁武帝平静地躺着不动，问道：『还可以打一仗吗？』萧确回答说：『已经不行了。』梁武帝叹了一口气说道：『从我这儿得到的，又从我这儿失去，还有什么可遗憾的呢！』于是他对萧确说：『你赶紧走，跟爹说不要挂念我和太子。』便派萧确慰劳外面的援军。

资治通鉴

◎梁纪·侯景之乱

◎梁纪·侯景之乱

侯景到了太极殿见梁武帝，随身带了五百多号人保护自己。侯景在大殿跪下，典仪领着他到三公坐榻前。梁武帝神色不变，问侯景道：『你在军队里的时间很长，真是劳苦功高呀？』侯景不敢抬头正视梁武帝，汗水流了一脸。梁武又问道：『你是哪个州的人，敢到这里来，你的妻儿还在北方吗？』对这些问题侯景都不能回答。任约在旁边替侯景回答说：『臣的妻女都让这厮屠杀干净了，只有我一个人留在您身边。』梁武帝又问道：『当初你渡江过来的时候有多少人？』侯景说道：『一千人。』再问道：『包围台城时共有多少人？』回答说：『十万人。』问：『现在共有多少人？』回答说：『十万人。』问：『现在还有多少人？』回答：『天下没有不属于我的人了。』梁武帝低下头去不再说话。

五月，丙辰（初二），梁武帝于净居殿去世。享年八十六岁。辛巳（二十七日），皇太子登皇位，大赦天下，侯景屯军朝堂，将士兵分派各处守卫。

景性残酷，于石头立大碓，有犯法者捣杀之。常戒诸将曰：『破栅平城，当净杀之，使天下知吾威名。』故诸将每战胜，专以焚掠为事，斩刈人如草芥，以资戏笑。由是百姓虽死，终不附之。

（大宝二年八月）戊午，（景）废帝为晋安王，迎豫章王栋。（十一月）己丑，豫章王栋禅位于景。

湘东王命王僧辩等东击侯景。（承圣元年）二月，庚子，诸军发寻阳，舳舻数百里。丁亥，王僧辩进军招提寺北，侯景率众万余人、铁骑八百余匹陈于西州之西。景仪同三司卢晖略守石头城，开北门降，僧辩入据之。景与霸先殊死战，景率百余骑，弃稍执刀，左右冲陈；陈不动，众遂大溃，诸军逐北至西明门。

景至阙下，不敢入台。仰观石阙，叹息久之。以皮囊盛其江东所生二子，挂之鞍后，与房世贵等百余骑东走，欲就谢答仁于吴。景与腹心数十人单舸走，推堕二子于水，将入海，瑱遣副将焦僧度追之。景纳羊侃之女为小妻，以其兄鹍为库直都督，待之甚厚；鹍随景东走，与景所亲王元礼、谢葳蕤密图之。景下海，欲向蒙山，（四月）己卯，景昼寝；鹍语海师：『此中何处有蒙山，汝但听我处分。』遂直向京口。至胡豆洲，景觉，大惊。鹍拔刀，叱海师向京口，因谓景曰：『吾等为王效力多矣，今至于此，终无所成，欲就乞头以取富贵。』

景未及答，白刃交下。景欲投水，鹍以刀斫之。景走入船中，以佩刀抉船底，鹍以矟刺杀之。僧辩传首江陵，截其手，使谢葳蕤送于齐；暴景尸于市，士民争取食之，并骨皆尽。

【译文】侯景特别残暴，在石头城里设大碓，犯人被捕了就用大碓捣死。平时总对诸将曰：『一旦攻破栅栏，踏平城市，便赶尽杀绝，让天下知道我的厉害。』他属下每次打赢了就烧杀抢掠以为庆祝，百姓就算死都不去归附他。

梁简文帝大宝二年（五五一年）八月戊午（十七日），侯景废简文帝为晋安王，立豫章王萧栋。十一月己丑（十九日），豫章王萧栋将皇位让给侯景。

湘东王命王僧辩东进，讨伐侯景。梁元帝承圣元年（五五二年）二月，庚子（二十六日），各路大军从浔阳出发，兵船首尾相连数百里。丁亥（十九日），王僧辩向招提寺北面进军，侯景率领士兵一万余人，铁甲骑兵八百余骑排列在西州的西边严阵以待。侯景手下的仪同三司卢晖略负责守石头城，他打开北门投降，王僧辩长驱直入，占据了石头城。侯景与陈霸先展开白刃战以决生死，侯景率一百多骑兵，扔掉长矛，手持短刀，左冲右突冲击陈霸先，陈霸先不为所动，侯景兵众于是彻底崩溃，陈霸先率军一直追杀其到西明门。

侯景逃到宫阙，不敢入台。仰头看着石阙，久久地叹息不已。然后他用皮袋子把两个儿子装好，挂在马鞍后面，领着房世贵等一百多个骑兵跑了，想去投奔谢答仁。侯景与身边的亲信几十人乘一只小船逃跑，人多船小，他把两个儿子推到水中淹死了。小船将要入海时，侯瑱派副将焦僧度去追击。当初，侯景娶羊侃的女儿为妾，任命她哥哥羊鹍为库直都督，对待他很优厚。羊鹍跟着侯景往东跑，和侯景所信任的王元礼、谢葳蕤秘密商议反叛侯景。侯景入海后，想逃回蒙山，四月己卯（十八日），侯景下海后，想逃回蒙山，己卯（十八日），侯景白天正睡觉呢，羊鹍对海上向导说：『这海上哪有蒙山你别管，听我调度。』于是令船驶向京口。船行进到胡豆洲时，侯景发现方向不对，大吃一惊。羊鹍拔刀威胁海上向导，喝斥他，让他把船开往京口。并对侯景说：『我们为大王出过不少力，现在到了这个地步，终于一事无成，想借你的头来换点富贵享用。』侯景还没有回答，好几把白晃晃的刀争着砍下来。侯景想跳海，羊鹍用刀砍他。侯景窜入船里，用自己佩的刀去撬船的底板，羊鹍用长矛把他刺死了。王僧辩将侯景首级送到江陵，又砍下他的手，送到北齐。然后把他的尸体扔在集市上，士兵争着吃他的肉，骨头都被抢没了。

第九章

陈纪

隋朝灭陈

（祯明元年十一月）隋主问取陈之策于高颎，对曰：『江北地寒，田收差晚；江南水田早熟。量彼收获之际，微征士马，声言掩袭，彼必屯兵守御，足得废其农时。彼既聚兵，我便解甲。再三若此，彼以为常；后更集兵，彼必不信。犹豫之顷，我乃济师；登陆而战，兵气益倍。又，江南土薄，舍多茅竹，所有储积皆非地窖。若密遣行人因风纵火，待彼修立，复更烧之，不出数年，自可财力俱尽。』隋主用其策，陈人始困。

及受萧岩等降，隋主益忿，命大作战船。人请密之，隋主曰：『吾将显行天诛，何密之有！』使投其柿①于江，曰：『若彼惧而能改，吾复何求！』

杨素在永安，造大舰，名曰『五牙』。上起楼五层，高百余尺；左右前后置六拍竿，并高五十尺，容战士八百人；次曰『黄龙』，置兵百人。自余平乘、舴艋各有等差。

（祯明二年十月）己未，以晋王广为尚书令。甲子，隋以出师，有事于太庙，命晋王广、秦王俊、清河公杨素皆为行军元帅。广出六合②，俊出襄阳，素出永安，荆州刺史刘仁恩出江陵，蕲州刺史王世积出蕲春，庐州总管韩擒虎出庐江，吴州总管贺若弼出广陵，青州总管弘农燕荣出东海，凡总管九十，兵五十一万八千，皆受晋王节度。东接沧海，西拒巴、蜀，旌旗舟楫，横亘数千里，以左仆射高颎为晋王元帅长史，右仆射王韶为司马，军中事皆取决焉；区处支度，无所凝滞。

十一月，丁卯，隋主亲饯将士；乙亥，至定城，陈师誓众。

注释 ①柿：斫木札。②六合：六合郡。

译文 陈后主祯明元年（五八七年）十一月，隋文帝问高颎怎么平定陈朝好，高颎说：『长江以北素来天气寒冷，庄稼收得晚，而南方水稻收得早。我们就打这个时间差，征集少量部队，扬言袭击南方，实则攻打北方。到时候他们一定屯兵布守，从而耽误了收获粮食。等到对方聚集了军队，我们便可以解甲散兵。如此反复，他们就会习以为常；然后我们再调集大军准备进攻，他们必然不会相信。这样，在他们还在犹豫的时候，我们的大军已经渡过了长江；我军渡江登岸与敌军作战，士气就会大增。再说江南水土都浅，房子都是茅草改的，粮食也存不入地窖里。我们要是偷偷叫人放火，给他们都烧光，这么一来，

没几年对方就撑不住了。』隋文帝采纳高颎的计策，陈朝官府百姓疲惫不堪。

到了陈朝接受后梁萧岩投降的时候，隋文帝大怒，命令赶制战船。有人建议应秘密进行，隋文帝说：『我替天行道，讨伐叛贼，何需秘密？』并把木屑随江抛洒，说：『要是陈朝看见这些木屑而害怕最终改变计划，我还有什么奢望的。』

杨素领兵于永安造大船，名为『五牙』。船有五层楼高，一百多尺；又在左右设置六根拍敌船用的大拍竿，高五十尺，可搭载将士八百人。小些战船为『黄龙』，可载战士一百人。其余称为『平乘』『舴艋』，大小不一。

祯明二年（五八八年）十月己未（二十三日），隋朝在寿春设淮南行台，任晋王杨广为行台尚书令。甲子（二十八日），隋文帝要兴兵伐陈，在太庙祭祖，命杨广、杨俊、杨素三人为行军元帅。命令杨广统率军队从六合出发，杨俊统率军队从襄阳出发，杨素统率军队从永安出发，荆州刺史刘仁恩统率军队从江陵出发，蕲州刺史王世积统率军队从蕲春出发，庐州总管韩擒虎统率军队从庐江出发，吴州总管贺若弼统率军队从广陵出发，青州总管弘农人燕荣统率军队从东海出发，共有行军总管九十位，兵力五十一万八千人，都受晋王杨广的节度指挥。东边从海滨开始，西边直到巴蜀，旌旗招展，战舰并排，绵延千里。朝廷又任命左仆射高颎为晋王元帅府长史，右仆射王韶为司马，前线军中一切事务全由他们裁决处理。他们各自安排军队进退，打理军需供应，称职无延误。

十一月，丁卯（初二），隋文帝亲自为出征将士饯行；乙亥（初十），文帝来到定城，举行誓师大会。

隋军临江，帝从容谓侍臣曰：『王气在此。齐兵三来，周师再来，无不摧败。彼何为者邪？』故不为深备，奏伎、纵酒，赋诗不辍。

是日（开皇九年正月乙丑朔），贺若弼自广陵引兵济江。先是弼以老马多买陈船而匿之，买弊船五六十艘，置于渎内。陈人觇之，以为内国①无船。弼又请缘江防人每交代之际，必集广陵，于是大列旗帜，营幕被野，陈人以为隋兵大至，急发兵为备，既知防人交代，其众复散；后以为常，不复设备。又使兵缘江时猎，人马喧噪。故弼之济江，陈人不觉。韩擒虎将五百人自横江宵济采石，守者皆醉，遂克之。晋王广帅大军屯六合镇桃叶山。

庚午，贺若弼攻拔京口，执南徐州刺史黄恪。弼军令严肃，秋毫不犯。所俘获六千余人，弼皆释之，给粮劳遣，付以敕书，令分道宣谕。于是所至风靡。樊猛在建康，其子巡摄行南豫州事。辛未，韩擒虎进攻姑孰，半日，拔之，执巡及其家口。皋文奏败还。江南父老素闻擒虎威信，来谒军门者昼夜不绝。贺若弼自北道，韩擒虎自南道并进，缘江诸戍，望风尽走；弼分兵断曲阿②之冲而入。时建康甲士尚十余万人，陈主素怯懦，不达军士，唯日夜啼泣。甲申，使鲁广达陈于白土冈，居诸军之南，任忠次之，樊毅、孔范又次之，萧摩诃军最在北。诸军南北亘二十里，首尾进退不相知。

贺若弼将轻骑登山，望见众军，因驰下，与所部七总管杨牙、员明等甲士凡八千，勒陈以待之。陈主通于萧摩诃之妻，故摩诃初无战意；唯鲁广达以其徒力战，与弼相当。隋师退走者数四，弼麾下死者二百七十三人，弼纵烟以自隐，窘而复振。陈兵得人头，皆走献陈主求赏，弼知其骄惰，更引兵趣孔范；范兵暂交即走，陈诸军顾之，骑卒乱溃，不可复止，死者五千人。

【注释】①内国：中国。②曲阿：云阳。

【译文】隋军来到长江北，陈后主若无其事地说：『这帝王的命脉就在我脚下，自从建国以来，齐军有三次进犯，周军有两次，哪一回不是惨败？隋军又能把我怎样？』所以他根本不设防，每天饮酒作乐。

隋文帝开皇九年（五八九年）正月乙丑朔（初一），隋吴州总管贺若弼从广陵带着部队渡过了长江。一开始，贺若弼把老马都卖了，买了一堆陈朝的船，并把它们藏起来，又买了好多破船，放在江面上。陈朝派人暗中窥探，认为中原没有船只。贺若弼又让沿守官兵交接时，一定都在广陵，举着隋军旗帜，让陈朝以为隋军大军已到，于是急忙调集军队加强戒备，随后知道是隋朝士卒换防交接，就将已聚集的军队解散。后来陈朝对此已习以为常，就不再加强戒备。贺若弼又时常派遣军队沿江打猎，人欢马叫。所以贺若弼渡江时，陈朝守军竟没有发觉。庐州总管韩擒虎也率领将士五百人从横江浦夜渡采石，陈朝守军全都喝醉了酒，隋军轻而易举就攻下了采石。晋王杨广带领大军来到六合镇桃叶山驻扎。

庚午（初六），贺若弼领兵攻下了京口，俘获陈朝徐州刺史黄恪。贺若弼军纪严明，手下军士秋毫不犯。所俘陈军六千余人，贺若弼全部予以释放，发给资粮，好言安慰，遣返回乡，并付给他们隋文帝敕书，让他们分道宣传散发。因此，隋军所到之处，陈朝军队望风溃败。陈朝南豫州刺史樊猛当时还在建康，由他的儿子樊巡代理南豫

州事。辛未（初七），隋将韩擒虎领兵攻打姑孰，不到半天，就攻下城池，俘虏樊巡及其全家。皋文奏军败，退还江南。江南地区的父老百姓早就听说过韩擒虎的威名，前来军营谒见拜访的人昼夜不绝。此时，隋将贺若弼率军从北道，韩擒虎率军从南道齐头并进，夹攻建康。陈朝沿江的镇戍要塞守军都望风尽逃。贺若弼分兵占领曲阿，隔断了陈朝援军的通道，自己率主力进逼建康。当时建康还有守军十万，但陈后主生性怯懦，不通军事，只是昼夜哭泣。甲申（二十日），鲁广达领兵在白土岗摆开架势，各军从南往北，依次是任忠、樊毅、孔范、萧摩诃。陈军阵势二十里，首尾进退不相知。

隋将贺若弼领兵登上钟山，一看陈朝已经摆开架势了，就打算骑马冲下去，跟着他的七位总管领着八千兵，摆好了阵势准备迎战。因为陈后主私通萧摩诃的妻子，所以萧摩诃一开始就不想为陈后主打仗。只有鲁广达率领部下拚死力战，与贺若弼的军队旗鼓相当。隋军几次被迫后退，贺若弼战死了二百七十三人，后来他用烟火来隐蔽，才摆脱困境得以振作。陈朝兵士获得隋军人头，纷纷跑去献给陈后主以求得奖赏，贺若弼看到陈朝军队骄傲轻敌，不愿再苦战，于是再一次率军冲击孔范的军阵，孔范兵刚与隋军交战就败了，陈朝诸军一看，马上纷纷逃命，谁也不顾谁，踩死的就有五千人。

任忠驰入台，见陈主言败状，曰：『官好①住，臣无所用力矣！』陈主与之金两縢②，使募人出战，忠曰：『陛下唯当具舟楫，就上流众军，臣以死奉卫。』陈主信之，敕忠出部分，令宫人装束以待之，怪其久不至。时韩擒虎自新林进军，忠已帅数骑迎降于石子冈。领军蔡征守朱雀航，闻擒虎将至，众惧而溃。忠引擒虎直入朱雀门，陈人欲战，忠挥之曰：『老夫尚降，诸军何事！』众皆散走。于是城内文武百司皆遁，唯尚书仆射袁宪在殿中，尚书令江总等数人居省中。陈主谓袁宪曰：『我从来接遇卿不胜余人，今日但以追愧。非唯朕无德，亦是江东衣冠道尽。』

陈主遑遽，将避匿，宪正色曰：『北兵之入，必无所犯。大事如此，陛下去欲安之！臣愿陛下正衣冠，御正殿，依梁武帝见侯景故事。』陈主不从，下榻驰去，曰：『锋刃之下，未可交当，吾自有计！』从宫人十余出后堂景阳殿，将自投于井，宪苦谏不从；后阁舍人③夏侯公韵以身蔽井，陈主与争，久之，乃得入。既而军人窥井，呼之，不应，欲下石，乃闻叫声；以绳引之，惊其太重，及出，乃与张贵妃、孔贵嫔同束而上。沈后居处如常。太子深年十五，闭阁而坐，舍人孔伯鱼侍侧，军士叩阁而入，深安坐，劳之曰：『戎旅在途，不至劳也！』军士咸致敬焉。

于是陈国皆平，得州三十，郡一百，县四百。

注释 ①好：宜。②縢：以绳约物。③后阁舍人：一种官职。

译文 任忠骑着马进了建康台城，谒见陈后主，把失败的经过说了一遍，然后说：『陛下您好自为之吧，我是没有办法了。』陈后主交给他两串金子，让他再募兵出战，任忠说：『陛下只有赶紧准备船只，前往上游会合周罗睺等人统领的大军，我当豁出性命护送陛下。』陈后主相信了任忠，敕令他出外布置安排，又下令后宫宫女收拾行装，等待任忠，但任忠久等不至，陈后主觉得奇怪。当时韩擒虎带着兵从新林往台城来了，任忠就领着部下到石子岗投降去。当时陈朝领军将军蔡徵率军守卫朱雀航，听说韩擒虎将来到，部队惊惧，望风溃逃。任忠带领韩擒虎的军队径直进入朱雀门，还有一些陈军将士想进行抵抗，任忠对他们挥挥手说：『我都投降了隋军，你们还抵抗什么？』于是陈军全都逃散。此时，台城内文武大臣全都逃跑，只有尚书仆射袁宪在殿内，尚书令江总等数人在尚书省府中。陈后主跟袁宪说：『我对你最好了，他们谁也比不上你，现在只有你在我身边了，对此，我感到很惭愧。可这不光是我无道造成的啊，江东这些士大夫们，他们的气节也都不见了啊。』

陈后主惊慌地想找个地儿躲起来，袁宪就说：『隋军一会儿来了，肯定不会侵犯您的。事情都这样了，您还往哪躲啊？您还是把衣服穿好，好好坐着，就按照当年梁武帝见侯景的法子。』陈后主没有听从，下了坐床飞奔而去，并说：『兵刃之下，不能拿性命去贸然抵挡，我自有办法！』于是跟着十余个宫人逃出后堂景阳殿，就要往井里跳，袁宪苦苦哀求，陈后主不听。后舍人夏侯公韵用自己的身子遮挡住井口，陈后主极力相争，争了很长时间才得以跳进井里。不一会儿，有个士兵对着井喊，里面没人说话，士兵说：『没人我可扔石头了啊？』结果井里又有声音了。于是马上让人往下传递绳索，士兵一拉，还挺重。等拉上来一瞧，原来是陈后主加上张贵妃、孔贵妃三个人。沈皇后仍像平常一样，毫不惊慌。皇太子陈深当时年方十五岁，关上门，安然端坐，太子舍人孔伯鱼在一旁侍奉，隋军兵士推门而入，陈深端坐不动，好言慰劳说：『你们一路上鞍马劳顿，还不至于过于疲劳吧？』隋军士兵纷纷向他致敬。

于是陈国被平定，隋朝总共得到三十个州，一百个郡，四百个县。

资治通鉴 第十章

隋纪

炀帝巡游

（大业元年）三月，丁未，诏杨素与纳言杨达、将作大匠宇文恺营建东京①，每月役丁二百万人，徙洛州郭内居民及诸州富商大贾数万户以实之。

敕宇文恺与内史舍人封德彝等营显仁宫，南接皁涧，北跨洛滨。发大江之南、五岭以北奇材异石，输之洛阳；又求海内嘉木异草，珍禽奇兽，以实园苑。辛亥，命尚书右丞皇甫议发河南、淮北诸郡民，前后百余万，开通济渠。自西苑引谷、洛水达于河；复自板渚引河历荥泽入汴。又自大梁之东引汴水入泗，达于淮。又发淮南民十余万开邗沟，自山阳至杨子入江。渠广四十步，渠旁皆筑御道，树以柳；自长安至江都，置离宫四十余所。庚申，遣黄门侍郎王弘等往江南造龙舟及杂船数万艘。东京官吏督役严急，役丁死者什四五，所司以车载死丁，东至城皋，北至河阳，相望于道。又作天经宫②于东京，四时祭高祖。

五月，筑西苑，周二百里；其内为海，周十余里；为蓬莱、方丈、瀛洲诸山，高出水百余尺，台观殿阁，罗络山上，向背如神。北有龙鳞渠，萦纡注海

内。缘渠作十六院，门皆临渠，每院以四品夫人主之，堂殿楼观，穷极华丽。宫树秋冬凋落，则翦彩为华叶，缀于枝条，色渝则易以新者，常如阳春。沼内亦翦彩为荷芰菱芡，乘舆游幸，则去冰而布之。十六院竞以肴羞精丽相高，求市恩宠。上好以月夜从宫女数千骑游西苑，作《清夜游曲》，于马上奏之。

注释 ①东京：指洛阳。②天经宫：宫名。

译文 隋炀帝大业元年（六〇五年）三月，丁未（十七日），炀帝下诏令杨素与纳言杨达、将作大匠宇文恺共建东京，每月供劳役二百万人，迁洛州城内居民及各州富贾数万户至洛阳居住。

炀帝让宇文恺和内史舍人封德彝等建造显仁宫，显仁宫南边连接皁涧，北边跨越洛水，征集大江以南五岭以北的各种珍贵石材，送到洛阳；又搜捕各种奇珍异草，飞禽走兽，用来充实皇家花园。辛亥（二十一日），命令尚书右丞皇甫议征发河南、淮北各郡的百姓前后一百余万人，开辟通济渠。从西苑引谷水、洛水到黄河，又从板渚引黄河水经过荥泽进入汴水，从大梁以东引汴水进入泗水到淮河。又征发淮南的百姓十余万人开凿邗沟从山阳到杨子进入长江。通济渠宽四十步，渠两旁都有御道，栽种柳树。从长安到江都设了四十多座

离宫。庚申（三十日），派遣黄门侍郎王弘等人到江南建造龙舟和各种船只几万艘。东京的官吏监督工程严酷急迫，服役的壮丁死去十之四、五。有关部门用车装着死去的役丁，东到城皋，北至河阳，载尸之车连绵不断。炀帝又在东京建天经宫，一年四季祭祀文帝。

五月，建西苑，建筑面积两百里，里面有片周长十里的海，在海上又搭建山，以神山蓬莱、方丈、瀛洲的名字命名，每座山高出水面十几丈，山上还有殿阁，怎么看怎么像仙境。苑北面有龙鳞渠，曲折蜿蜒地流入海内。沿着龙鳞渠建造了十六院，院门临渠，每院以一名四品夫人主持，院内的堂殿楼观，极端华丽。宫中树木秋季冬季一掉落，就用彩绸做的花装饰上，颜色旧了就换新的，景色总像是春天。池内也剪彩绸做成荷、芰、菱、芡。炀帝来游玩，就去掉池冰布置上彩绸做成阳春美景。十六院竞相用美味的菜肴和精美食品一比高低，以求得到炀帝的恩宠。炀帝喜欢乘月夜带着宫女们骑马游玩，他作了首《清夜游曲》，在马上演奏。

八月，壬寅，上行幸江都，发显仁宫，王弘遣龙舟奉迎。乙巳，上御小朱航，自漕渠出洛口，御龙舟。龙舟四重，高四十五尺，长二百丈。上重有正殿、内殿、东西朝堂，中二重有百二十房，皆饰以金玉，下重内侍处之。皇后乘翔螭舟，制度差小，而装饰无异。别有浮景九艘，三重，皆水殿也。又有漾彩、朱鸟、苍螭、白虎、玄武、飞羽、青凫、陵波、五楼、道场、玄坛、板艒①、黄篾等数千艘，后宫、诸王、公主、百官、僧、尼、道士、蕃客乘之，及载内外百司供奉之物，共用挽船士八万余人，其挽漾彩以上者九千余人，谓之殿脚，皆以锦彩为袍。又有平乘、青龙、艨艟、艚艓、八棹、艇舸等数千艘，并十二卫兵乘之，并载兵器帐幕，兵士自引，不给夫。舳舻相接二百余里，照耀川陆，骑兵翊两岸而行，旌旗蔽野。所过州县，五百里内皆令献食，多者一州至百舆，极水陆珍奇；后宫厌饫，将发之际，多弃埋之。

（大业）二年，春，正月，辛酉，东京成，进将作大匠宇文恺位开府仪同三司。

二月，丙戌，诏吏部尚书牛弘等议定舆服、仪卫制度。以开府仪同三司何稠为太府少卿，使之营造，送江都。稠智思精巧，博览图籍，参会古今，多所损益；衮冕画日、月、星辰，皮弁用漆纱为之。又作黄麾三万六千人仗，及辂辇车舆，皇后卤簿，百官仪服，务为华盛，以称上意。课州县送羽毛，民求捕

之，网罗被水陆，禽兽有堪氅毦之用者，殆无遗类。乌程有高树，逾百尺，旁无附枝，上有鹤巢，民欲取之，不可上，乃伐其根；鹤恐杀其子，自拔氅毛投于地，时人或称以为瑞，曰：『天子造羽仪，鸟兽自献羽毛。』所役工十万余人，用金银钱帛钜亿计。帝每出游幸，羽仪填街溢路，亘二十余里。三月，庚午，上发江都，夏，四月，庚戌，自伊阙陈法驾，备千乘万骑入东京。辛亥，御端门，大赦，免天下今年租赋。制五品已上文官乘车，在朝弁服，佩玉；武官马加珂②，戴帻，服裤褶。文物之盛，近世莫及也。

注释 ①艒：大船。②珂：螺。

译文 八月，壬寅（十五日），炀帝来到江都游玩。从显仁宫出发，王弘派龙舟来接。乙巳（十八日），炀帝坐着小朱航，从漕渠出洛口，坐龙舟。龙舟上有四重建筑，高四十五尺，长二百尺。龙舟最上层是正殿、内殿、东西朝堂，中间两层有一百二十个房间，都用金玉装饰，下层是宫内侍臣住的地方。皇后萧氏坐的船稍微小点，但装饰差不多，还有浮景船九艘，船上的建筑都是三层的，像水上宫殿一样。还有漾彩、朱鸟、苍螭、白虎、玄武、飞羽、青凫、陵波、五楼、道场、玄坛、板艒、黄蔑等几千艘船，供后宫、诸王、公主、百官、僧尼、道士、蕃客乘坐，并装载朝廷内外各机构部门进献的物品。这些船共用挽船的民夫八万余人，其中挽漾彩级以上的有九千余人，称为殿脚，都身穿锦彩制作的袍服。又有平乘、青龙、艨艟、艚艓、八棹、艇舸等几千艘船供十二卫士兵乘坐，并装载兵器帐幕，由士兵自挽，不给民夫。舟船首尾相接二百余里，灯火照耀江河陆地，骑兵在两岸护卫行进，旌旗蔽野。队伍经过的州县，五百里内都命令进献食物，多的一州要献食百车，都是天上飞的地上跑的水里游的，各种没见过的动物。后宫都吃腻了，临走前，就把食物扔了埋起来。

大业二年（六〇六年），春季，正月，辛酉（初六），东京建成，炀帝升将作大匠宇文恺开府仪同三司。

炀帝命吏部尚书牛弘等人议定皇帝的车驾服饰、仪仗制度。任命开府仪同三司何稠为太府少卿，让他负责督办，送往江都。何稠是个能工巧匠，博览群书后参照以前的制度，做了不少增减。他在天子礼服上画日、月、星、辰，用漆纱制成皮帽。何稠又制作三万六千人的黄麾仪仗以及辂辇、车舆和皇后的仪仗，文武百官的礼服，都务求华丽壮观以使炀帝满意。又向各州县征收羽毛，百姓为了搜捕鸟兽，水上陆地都置满了捕鸟兽的

罗网，可用作羽毛装饰的鸟兽几乎被捕尽杀绝。乌程有棵大树很高，超过百尺，周围没有东西可以攀爬，但是树上有个鹤巢，有人要捉鹤，但是爬不上树，就把树根砍了。鹤怕它的后代被杀，就自己把羽毛拔下来扔在地上。当时有人称之为吉祥的征兆，说：『天子制羽仪，鸟兽自动献羽毛。』服役的工匠有十万余人，用的金银钱帛不计其数。炀帝每次出行，羽仪仪仗队伍把街巷都填满了，连绵二十余里。三月，庚午，炀帝从江都出发。夏季，四月，庚戌（二十六日），从伊阙排列千乘万骑的车驾仪仗进入东京。辛亥（二十七日），炀帝驾临端门，下诏大赦天下，免除今年的租赋。制定了五品以上文官的车、上朝时的礼服、佩玉等制度；武官的马都得用稀有的贝壳来装饰，人得带头巾，穿骑服。礼乐典章的盛况，近世不可相比。

（大业三年六月）戊子，车驾顿榆林郡。帝欲出塞耀兵，径突厥中，指于涿郡，恐启民惊惧，先遣武卫将军长孙晟谕旨。启民奉诏，因召所部诸国奚、霫、室韦等酋长数十人咸集。晟见牙帐中草秽，欲令启民亲除之，示诸部落，以明威重，乃指帐前草曰：『此根大香。』启民遽嗅之，曰：『殊不香也。』晟曰：『天子行幸所在，诸侯躬自洒扫，耕除御路，以表至敬之心；今牙内芜秽，谓是留香草耳！』启民乃悟曰：『奴之罪也！奴之骨肉皆天子所赐，得效筋力，岂敢有辞。特以边人不知法耳，赖将军教之；将军之惠，奴之幸也。』遂拔所佩刀，自芟庭草。其贵人及诸部争效之。于是发榆林北境，至其牙，东达于蓟，长三千里，广百步，举国就役，开为御道。帝闻晟策，益嘉之。

帝欲夸示突厥，令宇文恺为大帐，其下可坐数千人；（七月）甲寅，帝于城东御大帐，备仪卫，宴启民及其部落，作散乐。诸胡骇悦，争献牛羊驼马数千万头。帝赐启民帛二千万段，其下各有差。又赐启民路车乘马，鼓吹幡旗，赞拜不名，位在诸侯王上。

又诏发丁男百余万筑长城，西拒榆林，东至紫河。尚书左仆射苏威谏，上不听，筑之二旬而毕。

八月，壬午，车驾发榆林，历云中，溯金河①。时天下承平，百物丰实，甲士五十余万，马十万匹，旌旗辎重，千里不绝。令宇文恺等造观风行殿，上容侍卫者数百人，离合为之，下施轮轴，倏忽推移。又作行城，周二千步，以板为干，衣之以布，饰以丹青，楼橹悉备。胡人惊以为神，每望御营，十里之外，屈膝稽颡，无敢乘马。启民奉庐帐以俟车驾；乙酉，帝幸其帐，启民奉觞上寿，跪伏恭甚，王侯以下袒割②于帐前，莫敢仰视。帝大悦，赋诗曰：『呼韩顿颡至，屠耆接踵来；何如汉天子，空上单于台！』皇后亦幸义成公主帐。帝赐启民及公主金瓮各一，并衣服被褥锦彩，特勒以下，受赐各有差。帝还，启民从入塞。己丑，遣归国。

注释 ①金河：秦汉云中郡地。②袒割：袒露被割肉。

译文 大业三年（六〇七年）六月戊子（十一日），炀帝的车驾停留在榆林郡。炀帝想出塞炫耀军威，径直跑到突厥境内，打算去涿郡。他怕启民可汗惊恐，先派遣武卫将军长孙晟传达他的旨意。启民可汗接到炀帝的诏书，就把他所属的奚、霫、室韦等国的酋长几十人都召集起来。长孙晟看见启民可汗牙帐中杂草肮脏，打算让启民可汗亲自除掉，示范给各部落，以表示对朝廷的敬重。就指着帐前的草说：『这草很香嘛。』启民可汗急忙闻道：『不香啊。』长孙晟说：『天子巡幸之地，诸侯都得亲自打扫整理，表示对天子尊崇。现在帐内杂草丛生，只能说是香草了。』启民可汗才醒悟过来，说：『我的罪过！我的骨肉都是天子赐给的，得到为天子效力的机会，怎么敢推辞呢？只是因为边远地区的人不知道法度，全靠将军教诲我们了，将军的恩惠，是我的幸运。』于是拔出佩刀，亲自拔除牙帐中的草。启民部族的显贵和其他部族的人都争相仿效启民可汗。于是从榆林北境到启民可汗牙帐，向东到蓟，全体突厥人出动，开辟出三千里长、百步宽的御道。炀帝知道这事，更加赞赏长孙晟。

炀帝想向突厥炫耀，于是让宇文恺作大帐，这帐大得里面能坐几千人。甲寅（初七），炀帝来到设于城东的大帐，备好仪仗侍卫，宴请启民可汗及其部属，宴间演出散乐。各部落胡人都惊诧狂欢，争着进献牛羊千万头。炀帝赐给启民可汗帛二千万匹，启民的部属按等级都有不同的赏赐。炀帝又赐给启民可汗辂车与坐骑，鼓乐幡旗等仪仗，特许他朝拜时不必唱名，其地位在诸侯王以上。炀帝下诏征百万男丁修补长城，西边从榆林开始，东边到紫河。尚书左仆射苏威劝阻，炀帝不听，二十天就修完了。

八月，壬午（初六），炀帝从榆林出发，经过云中，顺着金河逆流而上。当时天下承平，百物丰实，随驾的士兵有五十余万，马匹十万，旌旗辎重，千里不绝。炀帝命令宇文恺等人制造观风行殿，殿上可容纳侍卫几百人，行殿可以离合，下设轮轴，可以很快地推

移。又让宇文恺作行城，周长二千步，用木板做主体，把布蒙上面，再画点彩画，从城上观台、望敌楼全都齐备。胡人惊叹，以为神功，每望见御营，十里之外就跪伏叩头，没人敢骑马。启民可汗奉献庐帐以等待炀帝的到来。乙酉（初九），炀帝驾临启民可汗的营帐，启民捧着酒杯为炀帝祝寿，跪伏在地上极为恭顺。突厥王侯以下的人都袒衣割肉立于帐前，不敢仰视。炀帝非常高兴，赋诗道：『呼韩叩头至，屠耆接踵来，怎比汉天子，空上单于台！』皇后萧氏也临幸义成公主的牙帐。炀帝赐启民可汗和义成公主金瓮各一只，以及衣服、被褥、锦彩。特勒以下的人也受到不同等级的赏赐。炀帝往回走，启民可汗跟着他入塞。乙丑（十三日），炀帝让启民可汗回国。

李渊起兵

初，唐公李渊娶于神武肃公窦毅，生四男，建成、世民、玄霸、元吉；一女，适太子千牛备身[1]临汾柴绍。世民聪明勇决，识量过人，见隋室方乱，阴有安天下之志，倾身下士，散财结客，咸得其欢心。晋阳宫监猗氏裴寂，晋阳令武功刘文静，相与同宿，见城上烽火，寂叹曰：『贫贱如此，复逢乱离，将何以自存！』文静笑曰：『时事可知，吾二人相得，何忧贫贱！』文静见李世民而异之，深自结纳，谓寂曰：『此非常人，豁达类汉高，神武同魏祖，年虽少，命世才也。』

（义宁元年四月）及刘武周据汾阳宫，世民言于渊曰：『大人为留守，而盗贼窃据离宫，不早建大计，祸今至矣！』渊乃集将佐谓之曰：『武周据汾阳宫，吾辈不能制，罪当族灭，若之何？』王威等皆惧，再拜请计。渊曰：『朝廷用兵，动止皆禀节度。今贼在数百里内，江都在三千里外，加以道路险要，复有他贼据之；以婴城胶柱之兵，当巨猾豕突之势，必不全矣。进退维谷，何为而可？』威等皆曰：『公地兼亲贤，同国休戚，若俟奏报，岂及事机；要在平贼，专之可也。』渊阳若不得已而从之者，曰：『然则先当集兵。』乃命世民与刘文静、长孙顺德、刘弘基等各募兵，远近赴集，旬日间近万人，仍密遣使召建成、元吉于河东，柴绍于长安。

晋阳乡长刘世龙密告渊云：『威、君雅欲因晋祠祈雨，为不利。』五月，癸亥夜，渊使世民伏兵于晋阳宫城之外。甲子旦，渊与威、君雅共坐视事，使刘文静引开阳府司马胙城刘政会入立庭中，称有密状。渊目威等取状视之，政会不与，曰：『所告乃副留守事，唯唐公得视之。』渊阳惊曰：『岂有是邪！』视其状，乃云：『威、君雅潜引突厥入寇。』君雅攘袂大诟[2]曰：『此乃反者欲杀我耳。』时世民已布兵塞衢路，文静因与刘弘基、长孙顺德等共执威、君雅系狱。丙寅，突厥数万众寇晋阳，轻骑入外郭北门，出其东门。渊命裴寂等勒兵为备，而悉开诸城门，突厥不能测，莫敢进。众以为威、君雅实召之也，渊于是斩威、君雅以徇。渊部将王康达将千余人出战，皆死，城中恟惧。渊夜遣军潜出城，旦则张旗鸣鼓自他道来，如援军者；突厥终疑之，留城外二日，大掠而去。

注释 ①千牛备身：一种封号。②诟：骂。

译文 当初，唐公李渊娶了神武肃公窦毅女儿为妻，窦氏生了四个儿子：李建成、李世民、李玄霸、李元吉；一个女儿，嫁给太子千牛备身临汾人柴绍。李世民为人聪明、勇猛、果断，有见识，并且胆量过人。他看到隋王室正处于混乱之中，就暗中怀有要安定天下的抱负。他礼贤下士，散发钱财结交宾客，赢得大家的赞誉。晋阳宫监猗氏县人裴寂，晋阳令武功人刘文静，二人住在一起，看着城上的烽火，裴寂叹息道：『贫贱到如此地步，又赶上世事离乱，靠什么得以保全呢？』刘文静笑道：『形势是可以预知的，我们两人很投合，何必忧虑贫贱？』刘文静看到李世民，很惊异他的才能，就和李世民结为深交。他对裴寂说：『李世民不是一般人，他的性格豁达可比汉高祖，神情威武可比曹操，虽然年纪轻，将来肯定是通世大才。』

隋恭帝义宁元年（六一七年）四月，刘武周占据汾阳宫，李世民对李渊说：『您身为留守，现在盗贼鹊起占据离宫，要是再不作计划，恐怕灾祸就要来了。』于是李渊召集将领僚佐，对他们说：『刘武周占据汾阳宫，我们却不能制止，论罪当灭族，怎么办？』王威等人都很害怕，再三拜谢请求定计。李渊说：『朝廷用兵，行止进退都要向上级禀报，受上级控制。如今贼人在数百里之内，江都在三千里之外，加以道路险要，还有别的盗贼盘踞，靠着据城以守和拘泥不知变通之兵，以抵抗狡诈与狂奔乱窜之盗贼，必然无法保全。我们现在是进退维谷，怎么办才好？』王威等人就说：『您地位又是宗亲又是贤士，跟国家命运是绑在一起的，要是等着奏报，还能赶上时机么？况且平定贼寇，专权也可以。』李渊佯装不得已而听从的样子，说：『既然这样就应当先征集军队。』于是他命令李世民与刘文静、长孙顺德、刘弘基等人各自募兵。远远的百姓投奔汇集，十天之内有近万人应募。李渊秘密派人去河东召李建成、李元吉，去长安召柴绍。

晋阳乡长刘世龙密告李渊说：『王威、高君雅想去晋祠祈雨，这样做是不利的。』五月，癸亥（十四日）夜里，李渊派李世民率兵埋伏在晋阳宫城的外面。甲子（十五日）早晨，李渊与王威、高君雅坐在一起处理政务，刘文静引着开阳府司马胙城人刘政会进来立在厅堂上，声称有密事报告。李渊用眼睛示意王威等人取状纸看，刘政会不给，说：『告发的是副留守的事，只有唐公才能看。』李渊佯作吃惊地说：『难道有这样的事？』他看了状子才说：『王威、高君雅暗中勾引突厥人入侵。』高君雅捋起衣袖大骂道：『这是造反的人要杀我。』这时李世民已经在大路上布置了军队，刘文静、刘弘基、长孙顺德等一起将王威、高君雅抓起来投入监狱。丙寅（十七日），突厥几万兵马侵犯晋阳，其轻骑从外城北门进入，从东门出去。李渊命令裴寂等人率兵防备，而把各城门都打开，突厥人不知虚实，不敢进入。大家都以为确实是王威、高君雅把突厥人招来的，于是李渊将二人处死，悬首示众。李渊的部将王康达率领一千余人出战，全部战死，城中人心惊惶。李渊夜里悄悄派人出城，早上大张旗鼓从别的路上抄袭，好像援军一样。突厥人疑惑，在城外逗留两天，大肆掠夺而去。

资治通鉴

◎隋纪·李渊起兵 一四〇

点评 其后高祖起义晋阳，太宗削平群盗，遂有天下，皆刘文静、裴寂二人启之。然亦由当时隋政不纲，百姓愁苦，故英雄豪杰，得借以为资。若使朝廷之上，德政修举，闾里之间，民生乐业，则虽有十太宗，百刘文静、裴寂，不过驱使为吾用耳，何能为哉！然则人君制治保邦之道，惟在安民而已。（张居正）

（七月）壬子，李渊以子元吉为太原太守，留守晋阳宫，后事悉以委之。癸丑，渊帅甲士三万发晋阳，立军门誓众，并移檄郡县，谕以尊立代王之意。渊入雀鼠谷；壬戌，军贾胡堡，去霍邑五十余里。代王侑遣虎牙郎将宋老生帅精兵二万屯霍邑，左武候大将军屈突通屯河东以拒渊。会积雨，渊不得进，遣府佐沈叔安等将羸兵还太原，更运一月粮。

雨久不止，渊军中粮乏；刘文静未返，或传突厥与刘武周乘虚袭晋阳；渊召将佐谋北还。裴寂等皆曰：『宋老生、屈突通连兵据险，未易猝下。李密虽云连和，奸谋难测。突厥贪而无信，唯利是视。武周，事胡者也。太原一方都会，且义兵家属在焉，不如还救根本，更图后举。』李世民曰：『今禾菽被野，何忧乏粮？老生轻躁，一战可擒。李密顾恋仓粟，未遑远略。武周与突厥外虽相附，内实相猜。武周虽远利太原，岂可近忘马邑！本兴大义，奋不顾身以救苍生，当先入咸阳，号令天下。今遇小敌，遽已班师，恐从义之徒一朝解体，还守太原一城之地为贼耳，何以自全！』李建成亦以为然。渊不听，促令引发。世民将复入谏，会日暮，渊已寝；世民不得入，号哭于外，声闻帐中。渊召问之，世民曰：『今兵以义动，进战则克，退还则散；众散于前，敌乘于后，死亡无日，何得不悲！』渊乃悟曰：『军已发，奈何？』世民

曰：『右军严而未发；左军虽去，计亦未远，请自追之。』渊笑曰：『吾之成败皆在尔，知复何言，唯尔所为。』世民乃与建成夜追左军复还。丙子，太原运粮亦至。

八月，己卯，雨霁。庚辰，李渊命军中曝铠仗行装。辛巳旦，东南由山足细道趣霍邑。渊与数百骑先至霍邑城东数里以待步兵，使建成、世民将数十骑至城下，举鞭指麾，若将围城之状，且诟之。老生怒，引兵三万自东门、南门分道而出，渊使殷开山趣召后军。后军至，渊欲使军士先食而战，世民曰：『时不可失。』渊乃与建成陈于城东，世民陈于城南。渊、建成战小却，世民与军头[1]临淄段志玄自南原引兵驰下，冲老生陈，出其背，世民手杀数十人，两刀皆缺，流血满袖，洒之复战。老生兵大败，渊兵先趣其门，门闭，老生下马投堑，刘弘基就斩之，僵尸数里。日已暮，渊即命登城，时无攻具，将士肉薄而登，遂克之。

注释 ①军头：骠骑将军。

译文 七月壬子（初四），李渊让儿子李元吉守太原，处理后方事务。癸丑（初五），李渊带着三万人马出发，在军营前誓师并发檄文，说明立代王为帝的意义。

李渊率军进入雀鼠谷。壬戌（十四日），在贾胡堡驻军，贾胡堡距霍邑五十余里。代王杨侑派遣虎牙郎将宋老生率领精兵两万人在霍邑驻防。左武侯大将军屈突通驻军河东以抵御李渊。这时正赶上大雨，李渊军走不动，只好派沈叔安等带着老弱病残返回太原，带一个月粮食过来。

雨下了好长时间还没下完，李渊军没粮食，刘文静也不回来。这时有人说突厥乘机偷袭晋阳。李渊召集将领僚佐们商议向北返回。裴寂等人都说：『宋老生、屈突通联合居守险要，要想很快攻下是很难的；李密虽说要联合，但是他的奸诈图谋难以揣测；突厥人贪利而无信义，唯利是图；刘武周又是向胡人称臣的人。太原为一方的都会，而且义兵的家属都在太原，不如返回救援根本之地，再筹划今后的义举。』李世民说：『现在稻谷遍野都是，还怕没粮食？宋老生为人轻狂浮躁，打一仗就能捉住他，那李密舍不得粮食，就顾不上长远打算。刘武周和突厥表面上是一伙，其实各自心怀鬼胎。刘武周急功近利袭击太原，又岂肯忘记马邑？我们本来是兴大义，奋不顾身地拯救百姓，应当先行进入咸阳，号令天下。现在只遇到了小敌，立刻就要班师，恐怕跟随起义的人一旦解体，返回去守卫太原一城之地，我们就成贼了，怎么能保全自己呢？』李建成也认为李世民的话对，但李渊不听，催促军队出发。李世民想要进入李渊的营帐劝阻，可是天黑了，李渊已经躺下休息。李世民进不去，就在外面哭，哭声传来，李渊召见李世民。李世民就说：『现在我们举兵讨贼，进攻就能赢，退了就是输。要是输了，后有追击前有强敌，我们就都得死。我怎能不悲伤？』李渊醒悟过来，说：『军队已经出发，怎么办呢？』李世民说：『右军整装而未发，左军虽然出发，估计还没走远，请让我去追赶他们。』李渊笑道：『我的成败都在于你，知道了还说什么呢？随你去做吧。』李世民和李建成连夜把左军追了回来。丙子（二十八日），太原的粮食终于运到了。

八月，己卯（初一），雨停了。庚辰（初二），李渊让部队晾晒作战器械。辛巳（初三），早晨，李渊领兵从山脚出发顺着小路直抵霍邑。李渊和几百名骑兵先到了，于是在城东几里位置等待步兵，派李建成、李世民领着十几个骑兵来到城下，挥鞭子佯装包围城池，并且辱骂宋老生。宋老生大怒，率三万人从东门、南门分道出战。李渊派殷开山立刻去召集后军，后军来到后，李渊想让军士们先吃饭再战斗，李世民说：『时机不可失！』李渊就和李建成在城东列阵，李世民在城南列阵。李渊和李建成与宋老生交战，稍有退却，李世民就与军头临淄人段志玄从南原冲杀过来，冲散了宋老生的军队，直击其背后。李世民亲手杀死几十人，两把刀子都砍缺了口，飞溅的鲜血沾满衣袖，世民将血甩掉再战。李渊的兵势又振奋起来，就传话呼喊：『已经抓住宋老生了！』宋老生军因此大败。李渊兵迅速直抵城门，城门关闭了，宋老生下马跳入壕沟，刘弘基就将他杀死，随军的死尸遍布几里。当时天已经黑了，李渊下令登上城池。当时没有攻城器械，将士们光着膀子搭人梯上去，终于攻下城池。

（九月）庚申，李渊帅诸军济河；甲子，至朝邑，舍于长春宫，关中士民归之者如市。丙寅，渊遣世子建成、司马刘文静帅王长谐等诸军数万人屯永丰仓，守潼关以备东方兵，慰抚使窦轨等受其节度；敦煌公世民帅刘弘基等诸军数万人徇渭北，慰抚使殷开山等受其节度。

刑部尚书领京兆内史卫文升年老，闻渊兵向长安，忧惧成疾，不复预事，独左翊卫将军阴世师、京兆郡丞骨仪奉代王侑乘城拒守。己巳，渊如蒲津；庚午，自临晋济渭，至永丰劳军，开仓赈饥民。辛未，还长

春宫；壬申，进屯冯翊。世民所至，吏民及群盗归之如流，世民收其豪俊以备僚属，营于泾阳，胜兵九万。李氏将精兵万余会世民于渭北，与柴绍各置幕府，号『娘子军』。

隰城尉房玄龄谒世民于军门，世民一见如旧识，署记室参军，引为谋主。玄龄亦自以为遇知己，罄竭心力，知无不为。渊命刘弘基、殷开山分兵西略扶风，有众六万，南渡渭水，屯长安故城。城中出战，弘基逆击，破之。世民引兵趣司竹，李仲文、何潘仁、向善志皆帅众从之，顿于阿城①，胜兵十三万，军令严整，秋毫不犯。乙亥，世民自盩厔遣使白渊，请期日赴长安。渊曰：『屈突东行不能复西，不足虞矣！』乃命建成选仓上精兵自新丰趣长乐宫，世民帅新附诸军北屯长安故城，至并听教。延安、上郡、雕阴皆请降于渊。丙子，渊引军西行，所过离宫园苑皆罢之，出宫女还其亲属。冬，十月，辛巳，渊至长安，营于春明门之西北，诸军皆集，合二十余万。渊命各依壁垒，毋得入村落侵暴。

甲辰，李渊命诸军攻城。十一月，丙辰，遂克长安。代王在东宫，左右奔散，唯侍读姚思廉侍侧。军士将登殿，思廉厉声诃之曰：『唐公举义兵，匡帝室，卿等毋得无礼！』众皆愕然，布立庭下。渊迎王于东宫，迁居大兴殿②后，听思廉扶王至顺阳阁下，泣拜而去。渊还，舍于长乐宫，与民约法十二条，悉除隋苛禁。

注释 ①阿城：阿房宫。②大兴殿：隋宫正殿。

译文 九月庚申（十二日），李渊各路人马开始渡河。甲子（十六日），李渊到了朝邑，就住在长春宫。关里的士人百姓们都出来迎接。丙寅（十八日），李渊派遣世子李建成、司马刘文静率领王长谐等诸军几万人屯驻在永丰仓，据守潼关以防备东都之兵，慰抚使窦轨等人受李建成的指挥。敦煌公李世民带着刘弘基等几万人来到渭北，慰抚使殷开山等受李世民调度。

刑部尚书兼京兆内史卫文升已经老了，听说李渊向长安进攻，心里郁闷得了病，不能再打理政务。只有左翊卫将军阴世师、京兆郡丞骨仪尊奉代王杨侑据城坚守。己巳（二十一日），李渊到蒲津，庚午（二十二日），李渊从临晋过渭水到永丰慰劳军中将士，并且开粮仓分发给平民百姓。辛未（二十三日），李渊返回长春宫。壬申（二十四日），李渊进驻冯翊。李世民所到之处，官吏、百姓及群盗归附如流，李世民收集其中的豪杰之士作为自己的僚属。他在泾阳驻扎下来，有强兵几万人。李氏领着一万精兵在渭北和李世民会合，李氏和柴绍开始设置幕府，李氏军号称娘子军。

隰城尉房玄龄在军门见到李世民。李世民和他一见如故，马上让他做了参军，而且是高参。房玄龄也自认为遇到了知己，他对李世民是尽心竭力，知无不为。李渊命令刘弘基、殷开山分兵向西攻取扶风，他们拥有部众六万人，向南渡过渭水，屯驻在长安故城。长安城里的隋军出战，刘弘基迎战，将其击败。李世民带兵到达司竹，李仲文、何潘仁、向善志都率民众跟随李世民，在阿房宫下驻扎，李世民此时有能力作战的兵马十三万，军纪严明，对当地百姓秋毫无犯。乙亥（二十八日），李世民派使者盩厔禀报李渊，请求约定进攻长安的日期。李渊说：『屈突通向东进军，不能再向西行了，他已不足为虑了！』于是他命李建成挑选在永丰仓的精兵，从新丰直抵长乐宫。李世民率领新归附的各军向北进军，屯驻在长安故城，准时到达，听候差遣。延安、上郡、雕阴等地都请求归降李渊。丙子（二十九日），李渊率军西行，所经过的炀帝的离宫园苑全部关闭，放出宫女归还其亲属。冬季，十月，辛巳（初四），李渊到达长安，在春明门西北扎营，各路军队全部汇集，共二十余万人。李渊让各路人马驻扎营内，不得侵扰百姓。

甲辰（二十七日），李渊下令攻城。十一月，丙辰（初九），李渊军攻下长安。代王杨侑在东宫，身边的人都跑了，只有陪他读书的姚思廉还在。李渊的军士将登入殿堂，姚思廉厉声斥责军士道：『唐王兴举义兵，扶助帝室，你们不得无礼！』军士们都吓一跳，规规矩矩在庭院里站成一排。李渊到东宫迎奉代王杨侑，把他迁居到大兴殿后面，让姚思廉扶着代王杨侑到顺阳下，李渊流泪跪拜而去。姚思廉是姚察的儿子。李渊回来，住在长乐宫，与百姓们约法十二章，将以前隋朝的苛刻政策全部废除。

点评 其行军有法如此，所以得人心之归也。大抵高祖之有天下，由太宗为之子；而太宗之取天下，由房玄龄为之臣。观太宗每下城邑，玄龄独先收人物，致之幕府，及有谋臣猛将，皆与之潜相申结，各尽其死力，可谓得大臣以事君之道矣！此所以为贞观之贤相欤。（张居正）